祝 陈桂林院士
生日快乐！

学生：周浚辉

情系风云话人生

——叙陈桂林先生与风云二号的二三事

《情系风云话人生——叙陈桂林先生与
风云二号的二三事》编辑部　编著

科学出版社

北　京

本书简介

　　本书以翔实的史料为基础,介绍了陈桂林先生学术成长之路,详细展现了他带领研制团队经过三十多年的艰苦奋斗,为风云二号气象卫星研制主体仪器——多通道扫描辐射计的过程。本书通过照片和手稿等,还原了诸多科研工作、生活场景,反映了陈桂林先生自立自强、潜心治学、无私奉献的科学家精神,以及协同共进、淡泊明志、耕耘不辍的人格魅力。本书适合大众阅读,特别是青少年、科研工作者、教育工作者和传媒工作者阅读。

人物简介

　　陈桂林，空间红外遥感技术专家，中国科学院上海技术物理研究所（以下简称"上海技物所"）研究员。1941年12月生于福建南安，1967年毕业于西安交通大学无线电工程系。2001年当选为中国科学院院士。

　　陈桂林长期从事航天遥感探测技术研究，自1984年起主持并研制成功风云二号静止气象卫星核心探测仪器——多通道扫描辐射计，组织和参加对重大技术问题的攻关，解决了在自旋静止气象卫星五通道（可见光、中波红外、长波红外、红外分裂窗和水汽）同时地对地观测的关键技术；主持突破了大孔径（Φ410 mm）轻量化的空间光学系统、角秒级高精度空间扫描机构、地球同步轨道辐射制冷器技术等难题。自主研发的技术用于自1997年起陆续发射的风云二号系列气象卫星（A星、B星、C星、D星、E星、F星、G星、H星），不仅为我国及周边国家和地区和一带一路提供及时有效的气象服务，还弥补了全球气象卫星对印度洋及中亚、西亚和非洲等共建"一带一路"国家在观测上的不足。

序 1

陈桂林同志是一位孜孜不倦、脚踏实地奋斗在高轨空间红外遥感应用领域的专家典范，是勇于探索敢于创新的科学实践者，用"风云人生"作为他的画册主题是非常合适的。

他是1970年从西安交大毕业后被分配来上海技术物理研究所的，对科研工作上手很快，肯钻研爱动脑。在参与"风云"任务之前，还承担过地平仪探头研制任务。1983年，中国气象局、上海技术物理研究所和航天八院在苏州的会议上商议确定了风云二号红外辐射计的设想方案，对标美国、欧洲、日本等当时国际同类产品先进水平，提出采用可见光、红外、水汽三通道设计，可见光通道的空间分辨率要做到1.25公里，红外和水汽通道空间分辨率要达到5公里。当时我代表研究所接下了任务。回所后，我找到了陈桂林，并希望他来负责这个预先研究项目。出于对待科学问题的谨慎性，他表示要花两个月来调研，以充分了解这个新领域的技术发展和难度。一个半月后，他就来找我，说愿意试试，出于为国家做一件有意义的事的考虑。

从1984年陈桂林正式担任课题负责人开始，直到风云二号第一颗卫星上天，研制工作经历了13年，也并不是一帆风顺的。1994年，01星在发射前的最后一次厂房测试中，因卫星的肼系统泄漏而突发爆炸起火，导致卫星和载荷同时被毁。那时他正值视网膜脱落在医院接受手术治疗，得知消息后他表态——只要卫星总体需要我们，再大的困难也不能放弃，只要有人在，一切可从头再来！在他的带领下，风云二号团队仅用两年多时间就提交了比原先质量、性能和可靠性更高的扫描辐射计正样发射产品，并在验收中一次达标。此后的二十余年，他就专心致志把风云二号这一件事做好，并做到了极致。从1997年到2018年，前后8颗系列卫星扫描辐射计一次比一次成功，确保了气象业务稳定、可靠，这为我国静止轨道气象卫星跨越式发展起到了关键的支撑和推动作用。近40年，陈桂林将自己的科研生涯毫无保留奉献给风云二号气象卫星扫描辐射计研制工作，始终如一、忘我负责、不断提升，这种精神值得肯定，也希望年轻同志能传承下去。

　　这本画册汇集了陈桂林同志科研生涯的照片，其中大多数都是和风云二号联系在一起的。从一些影像资料中，大概可以感受到起步时候条件的艰辛，团队遭遇挫折时候的不放弃，以及以陈桂林为代表的研制人员长年累月的坚守。这都是难能可贵的，既有陈桂林本人的特质，也带有上海技物所的烙印。

　　现在，我们在奋力开创未来的同时，也应当重视如何继承历史。我在阅读这本画册时，不禁感慨：我国的科技工作者只有将国家责任和个人兴趣相结合，心无旁骛，一心一意从事科学研究，才能获得经得起历史检验的创新成果。

　　我很乐意并很荣幸地为画册作序。

匡定波

2022年冬

序 2

　　陈老师桃李满天下，得知他八十寿辰将至，学生们都等待着送上真诚的祝福，然而陈老师谢绝了学生们的精心安排，他不喜热闹，更不喜以他为中心的热闹，我们既无奈也由衷地敬佩。好说歹说，陈老师终于首肯搞一本画册，以纪念研制风云二号的岁月，也寄托了我们对老师的情谊。相册比文集更具形象性，也更具想象力，好比此时无声胜有声，也符合陈老师与我们的相处之道。陈老师一直说，一个人一辈子能真正做成一件事，就很不容易了。他全身心地投入风云二号扫描辐射计的研制工作中，一干就是一辈子，一干就是干到底。与陈老师相识是幸运的，以他为师更是荣幸之至，他的人格魅力感染过与他共事求学的人们。陈老师是严师，工作中哪怕有一丝的懈怠，他都不会容许；陈老师是"慈母"，生活中哪怕有再大的困难，他都会挺身帮助。他常说，搞工程物理概念很重要，才不敢放松学习；他常说，搞系统首先要搞清目标特性，一直受益匪浅；他常说，一件产品要玩熟玩透，后来才领会其中的深意。他的那句"静止轨道这件事，全世界没有几个团队在干"，激励了一批有识之士与他同行；他的那句"中国人第一次看到地球是圆的"，让同行人无怨无悔。相册中的每一张照片都是一个故事，每一张照片都刻在了陈老师的心中，每一张照片也都留在了我们的记忆中，而这些照片所蕴含的精神，激励着我们不断前行，也激励着我们去继续陈老师的事业。

2022 年 12 月 4 日

宁静以致远

我和陈老师的第一次见面是在 1995 年夏天一个非常炎热的下午,当时的办公室里没有空调,陈老师风轻云淡,我却汗流浃背。

在我随后攻读博士学位和留所工作的六年里,上海的夏天依旧炎热,而陈老师与风云二号的同事们对我的呵护如同"山光照槛水绕廊,舞雩归咏春风香",使我完全没有了汗流浃背的感觉,取而代之的是深耕红外科研领域带来的乐趣和各种体验。进发射场时苦中作乐,即使有"双想"任务,但也不算什么;风云二号 B 星发射成功,我们举杯高歌;每年也会有几天到"风景秀丽"的地方写总结报告。这就是科研与航天工作。

追随陈老师搞科研,深入接触后才知道,陈老师和组里的前辈们在 1995~2005 年那段时间默默地承受着巨大压力,通过无私付出换来了 A 星、B 星、C 星的成功与技术进步。科技攻关的艰难,他们不太提起,我想,大概也不太放在心上。

再后来,我感到很奇怪:很少参与社会活动的陈老师,对技术制高点的把握为何那么精准? 在非常艰难的情况下,他和组里的裴老师等前辈积极倡导新一代静止轨道遥感仪器的研制,主张我们要做高时敏技术领域的开拓和探索。2017 年前后,他指导的这些方向有了重大突破,产生重大影响。之后,我慢慢明白了——在国家有重大需求的领域,明确一个目标并持之以恒开展攻坚克难,用内心的宁静换来行动的果断,这大概就是陈老师和组里的前辈们能够在科研上取得成功的制胜法宝。

明白这些时,我已经追随先生 27 年。这 27 年,风云二号成了我的百科全书,围绕风云二号辐射计组建的 750 组则是我的黄埔军校。回首往事,一切就像昨天,一切又如同刚刚开始,而唯一不变,值得后辈学习的则是陈老师宁静致远的精神。

2023 年 1 月

引　言

风云二号气象卫星核心遥感仪器——多通道扫描辐射计的研制，需要将光、机、电、红外探测器、辐射制冷和薄膜光学等多种技术综合应用，世界范围内也只有少数国家能够设计制造这种仪器。1984年，陈桂林便带领团队开始研制多通道扫描辐射计，直至1997年6月，风云二号A星成功入轨并传回了清晰的图像；回想当时，陈桂林说："这种人生的极度快乐，是几百万、几千万的钱所买不到的。这就是人生的真正价值。"

多通道扫描辐射计研制工作是"白手起家"，陈桂林的笔记本上密密麻麻地列着要解决的难题，从学习、调研、思考，到消化、吸收，再到自主创新发展，陈桂林带领团队坚持了30余载。其间，我国静止轨道气象卫星实现了从无到有、从弱到强，实现了试验卫星向业务星的转变，实现了"双星观测、在轨备份"的业务格局，实现了卫星在轨稳定、超寿命运行。这些成就标志着我国气象卫星事业步入了国际气象卫星先进行列，而成功的背后亦承载着陈桂林及其团队的苦心钻研、奋勇向前的精神。

陈桂林的科研人生就是风云二号气象卫星发展的浓缩史。风云二号气象卫星性能和质量的不断提高的过程，正是以他为代表的科研人员顽强拼搏、踔厉奋发、敢于并善于攀登科技高峰、助力实现航天强国的过程。

谨借此书，向参与风云二号气象卫星工作的科技人员致敬。

目录 Contents

第一章

少小多才学

1941年冬天,陈桂林出生于福建南安。为了摆脱世代耕种的命运,他努力不懈地学习着。1961年7月,陈桂林于福建南安私立国光中学毕业,全国正遭遇困难时期,陈桂林每天就着野菜、草根吃下一点儿米饭,勉强维持生存。在如此艰苦的生活条件下,他依然刻苦学习,终于顺利考入西安交通大学无线电工程系电子计算机专业。1967年8月毕业后,他于江苏省连云港6063部队农场锻炼,1970年进入上海技物所工作。

南安县私立国光中学学生学籍卡片

学号 158-26

| 姓名 | | 性别 | | 出生年月 | 1941年2月 日 | 籍贯 | 福建省南安县(市)五都乡(镇) | 入学 |
| 民族 | | | | 是否革命烈属 | | 是否归国华侨 | 加入党、团、队时间 56年 | |

现在住址			永久通讯处	五都乡新拓村	片处
家庭成分	中农	家长情况	姓名 陈丁山 性别 男 年龄 37 关系 父子	
			职业 农 工作地区 五都乡新拓村	
入学时间及年级	1958年8月入 初中 秋年级 春期	
缴验证件名称号码	小学初中毕业	

项目	时间	已修满年限	原因	发给证件名称及
学籍变动记载				
奖惩记载	1960.3.29			

| 毕业年月 | | 毕业证书号码 | 152 | 毕业班乘主任姓名 | |

南安县私立国光中学学生学籍卡片

学科\成绩\年级	汉语	文学	算术	代数	几何	三角	物理	化学	植物	动物	卫生	达尔文	人体剖解	地理	历史	政治	外语	体育	音乐	美术	制图
一年级 (1958) 上学期成绩																					
下学期成绩																					
学年总平均	86	88	81	8	84			82			78	81	84								
二年级 上学期成绩																					
下学期成绩	80	77	74	76				83	83	78	87	88									
学年总平均	82	93	94	99	90	93				90	80	84	85								
二年级 (195-195学年) 上学期成绩																					
下学期成绩																					
学年总平均																					
年级 (95-195学年) 上学期成绩																					
下学期成绩																					
学年总平均																					

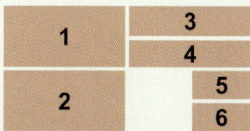

❶❷ 就读于南安县私立国光中学
　　学籍卡

❸❹ 20世纪60年代的国光中学

❺❻ 21世纪的国光中学

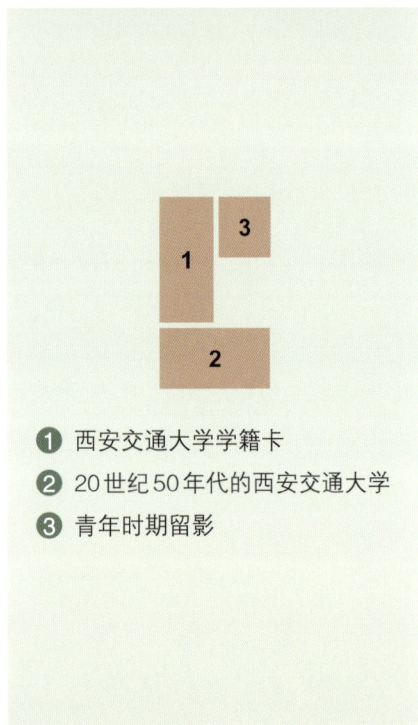

❶ 西安交通大学学籍卡

❷ 20世纪50年代的西安交通大学

❸ 青年时期留影

❶ 西安交通大学120周年校庆
❷ 西安交通大学现貌

第二章

命运有波折

从 1970 年至 1983 年整整 13 个年头，陈桂林负责研发的某卫星上的红外地平仪探头从初样发展到了正样，但卫星发射计划总是在关键时刻搁浅。当旁人可惜陈桂林空付汗水、心血时，他自己却从不懊恼，他只朴实地认为踏踏实实做事、莫问前途如何，在钻研攻关中他也积累了颇多成果和经验。

❶❷ 20世纪70年代,与同事在北京留影

❸ 1982年,课题组获上海技物所先进集体称号后留影

1	2	4
3		5

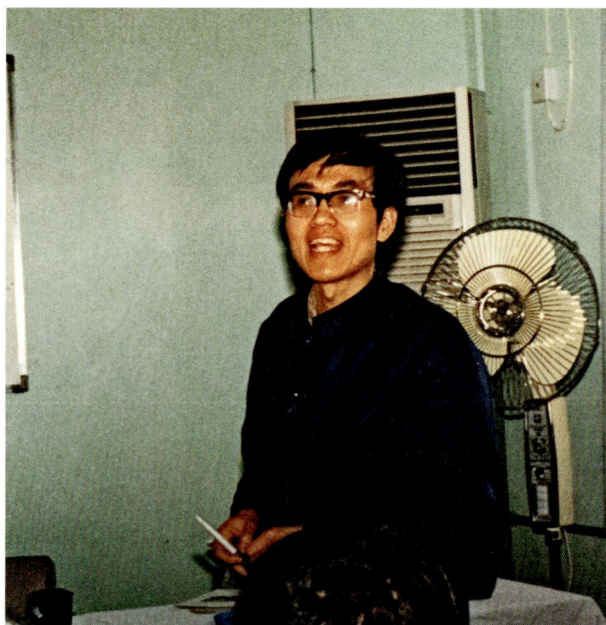

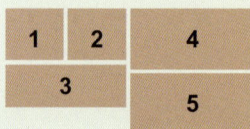

❶❷ 在所内作工作报告
❸ 在所内开展学术交流
❹ 与课题组在所共青楼前留影
❺ 与课题组欢送连志超烈士女儿连静赴美留学

1	2
3	

❶ 于"《CCD》在热轧圆钢在线测径应用研究技术鉴定会"上作工作报告

❷❸ 在第五钢铁厂调试《CCD》在热轧圆钢在线测径仪

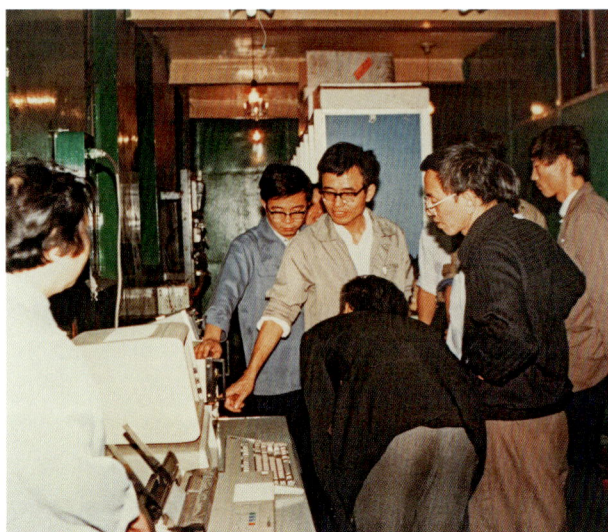

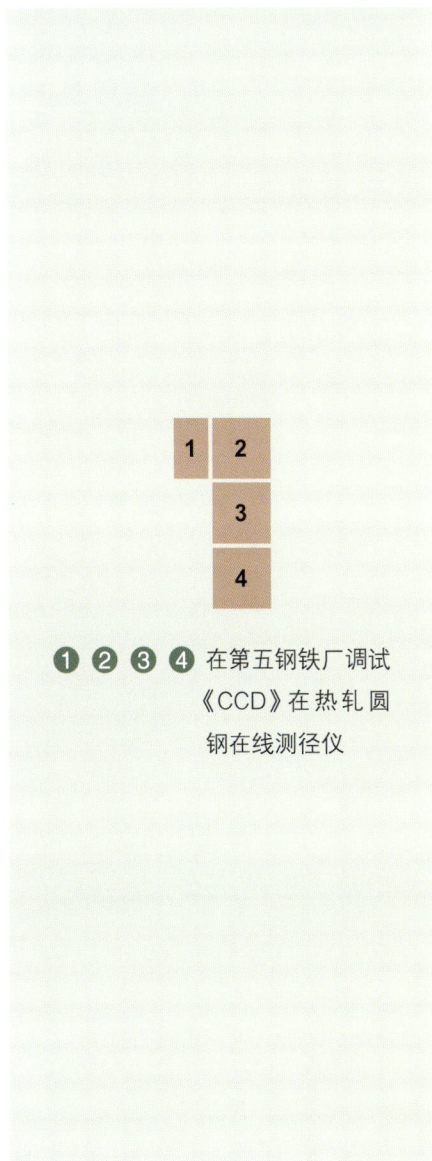

❶❷❸❹ 在第五钢铁厂调试
《CCD》在热轧圆
钢在线测径仪

第三章

慧眼踏征程

1984年，陈桂林担任风云二号气象卫星主体仪器大口径、高精度多通道扫描辐射计课题组组长，开始了静止气象卫星多通道扫描辐射计的预研征程。1994年，陈桂林带领课题组完成了风云二号01星正样产品研制；始料未及的是同年4月，因卫星突发事故，中止了风云二号01星的发射。"再大的困难也不能放弃！只要有人在，一切可从头再来！"在多名人员受伤，仪器设备遭毁的严重困难下，仅2年多时间，陈桂林带领课题组克服重重困难，多通道扫描辐射计于1997年6月10日装于风云二号A星并发射成功。陈桂林与其课题组经过17年的奋斗，使我国继美国和法国之后，成为第三个拥有该类先进对地观测技术的国家。

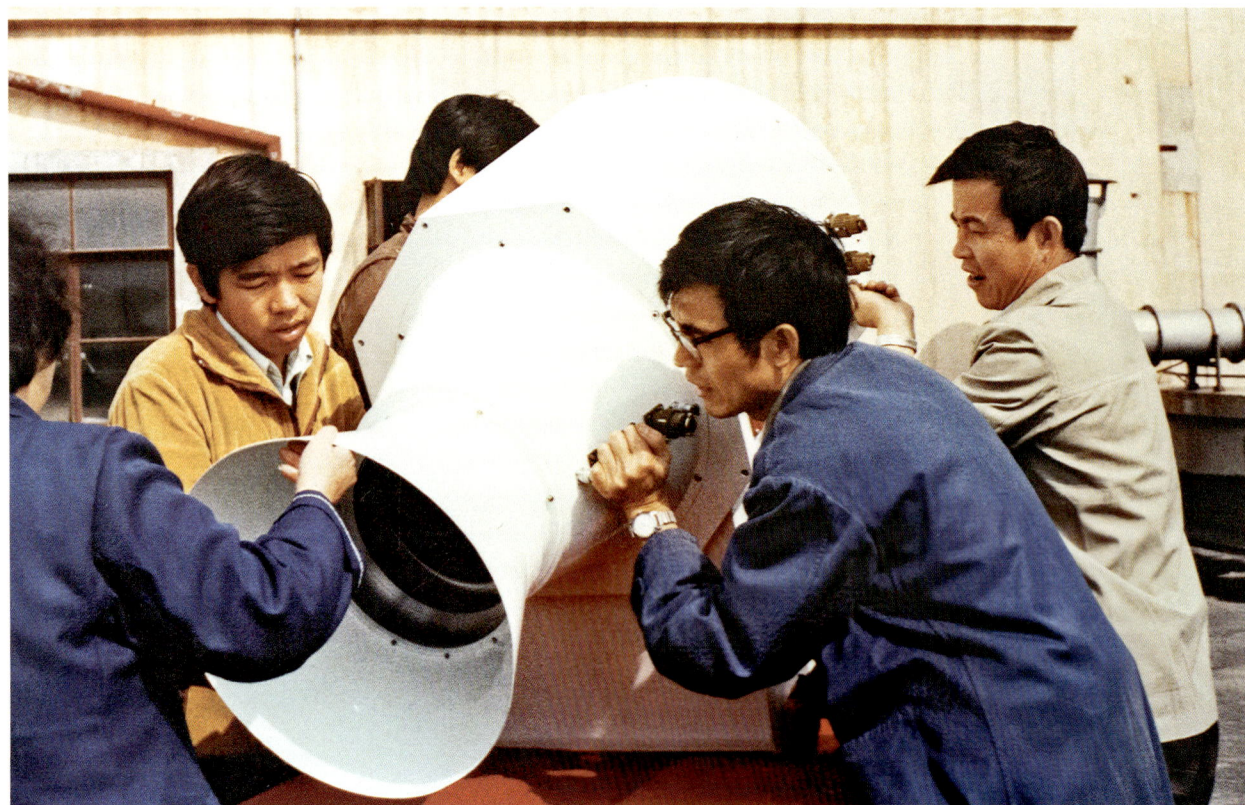

'92 6 20

1		3	4
2		5	

1 2 在上海技物所45号楼楼顶做风云二号模样机成像试验

3 调试风云二号01星扫描辐射计运动部件

4 课题组在云南天文台开展风云二号01星扫描辐射计定标试验

5 1992年6月20日风云二号合练星上海技物所试验队在西昌卫星发射中心(以下简称"西昌基地")合影

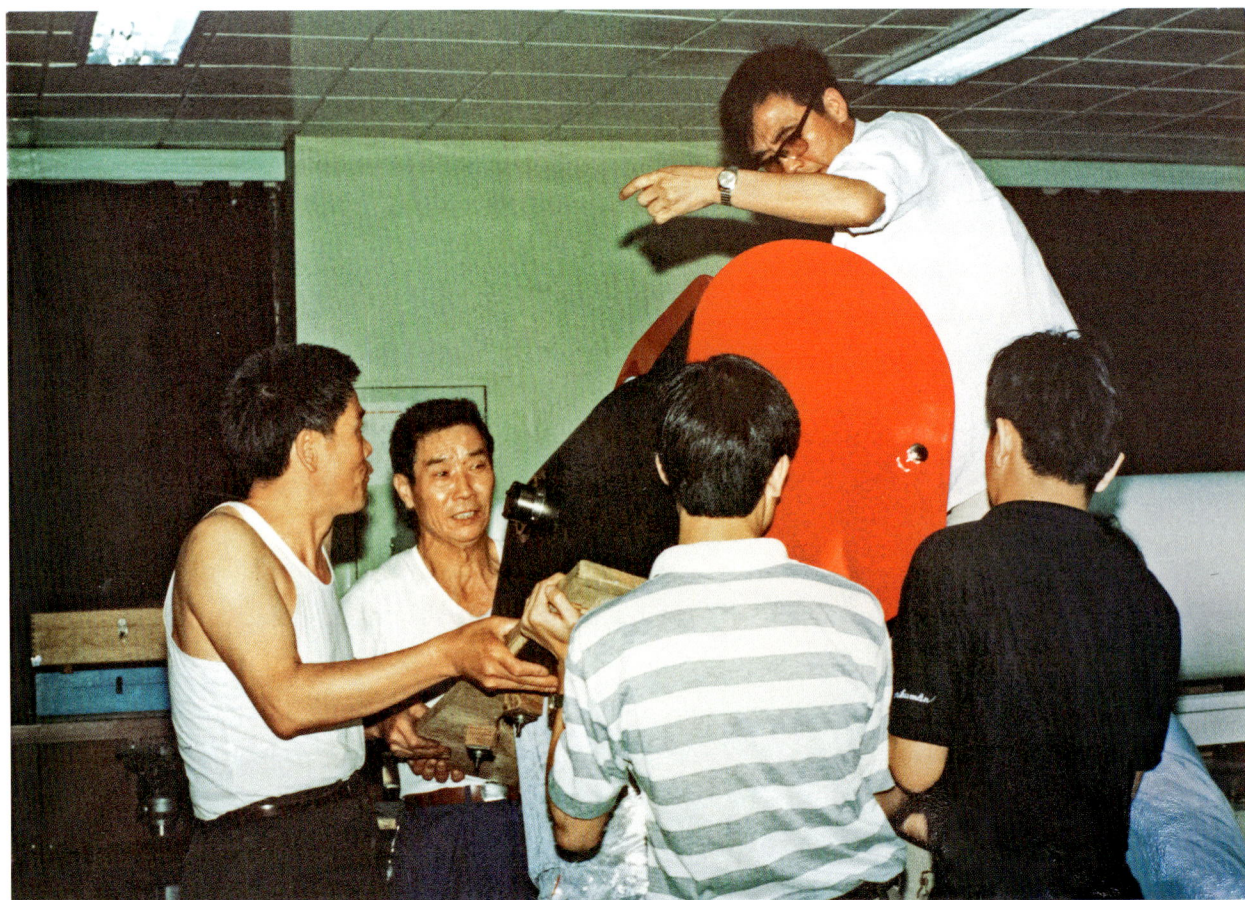

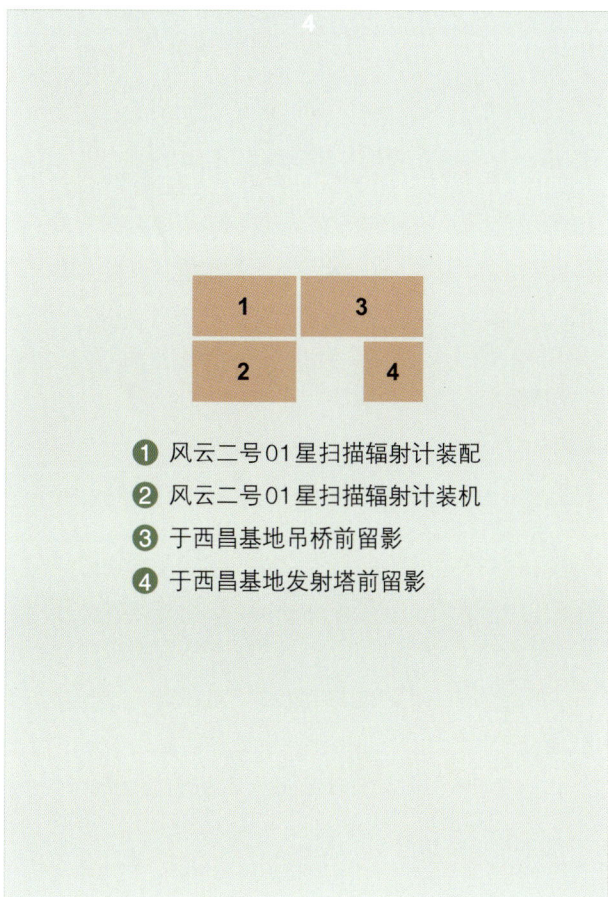

1	3
2	4

1 风云二号01星扫描辐射计装配

2 风云二号01星扫描辐射计装机

3 于西昌基地吊桥前留影

4 于西昌基地发射塔前留影

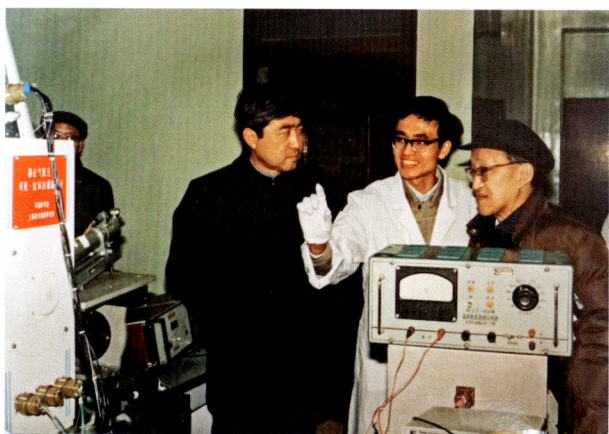

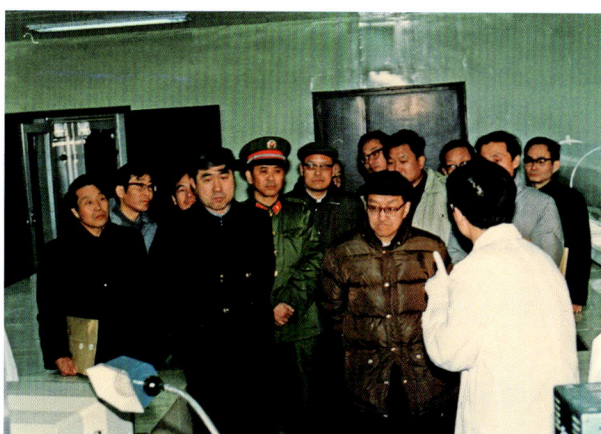

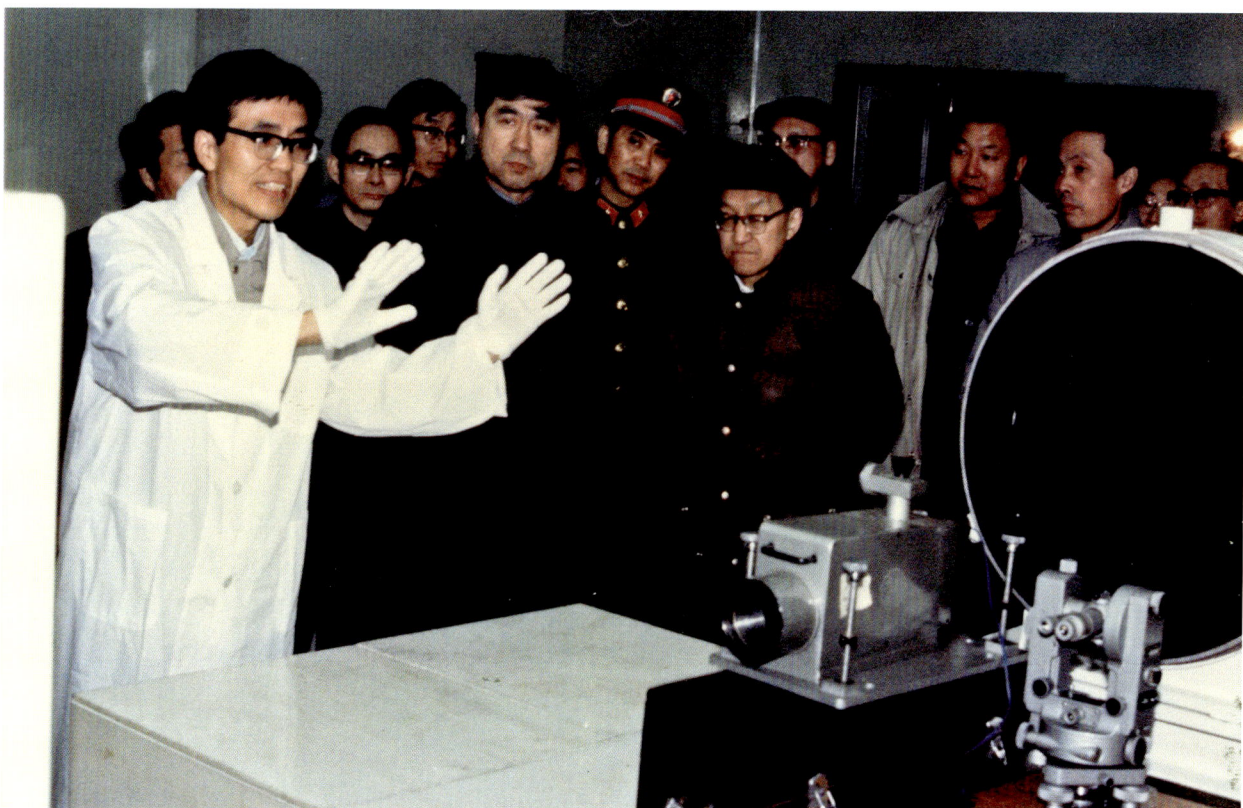

1	4	5
2	6	
3	7	

❶ 在"风云二号扫描辐射计正样设计评审会"上向孙家栋院士（左一）作汇报

❷ 风云二号01星试验队赴西昌基地闵行专列前留影

❸ 向卫星中心副主任郭关生总师（左三）汇报工作

❹~❼ 于"风云二号辐射计原理样机鉴定会"上向杨家墀院士、风二总师戚发轫院长汇报工作

1	3
2	4

❶ 赴西昌基地途中留影

❷ 与风云二号01星试验队在邛海合影

❸❹ 风云二号01星扫描辐射计发射前
调试(西昌基地)

	2
1	3
	4

❶ 风云二号01星扫描辐射计开罐

❷❸ 风云二号01星事故慰问会

❹ 1994年，迎接风云二号01星试验队回归

1 2 3

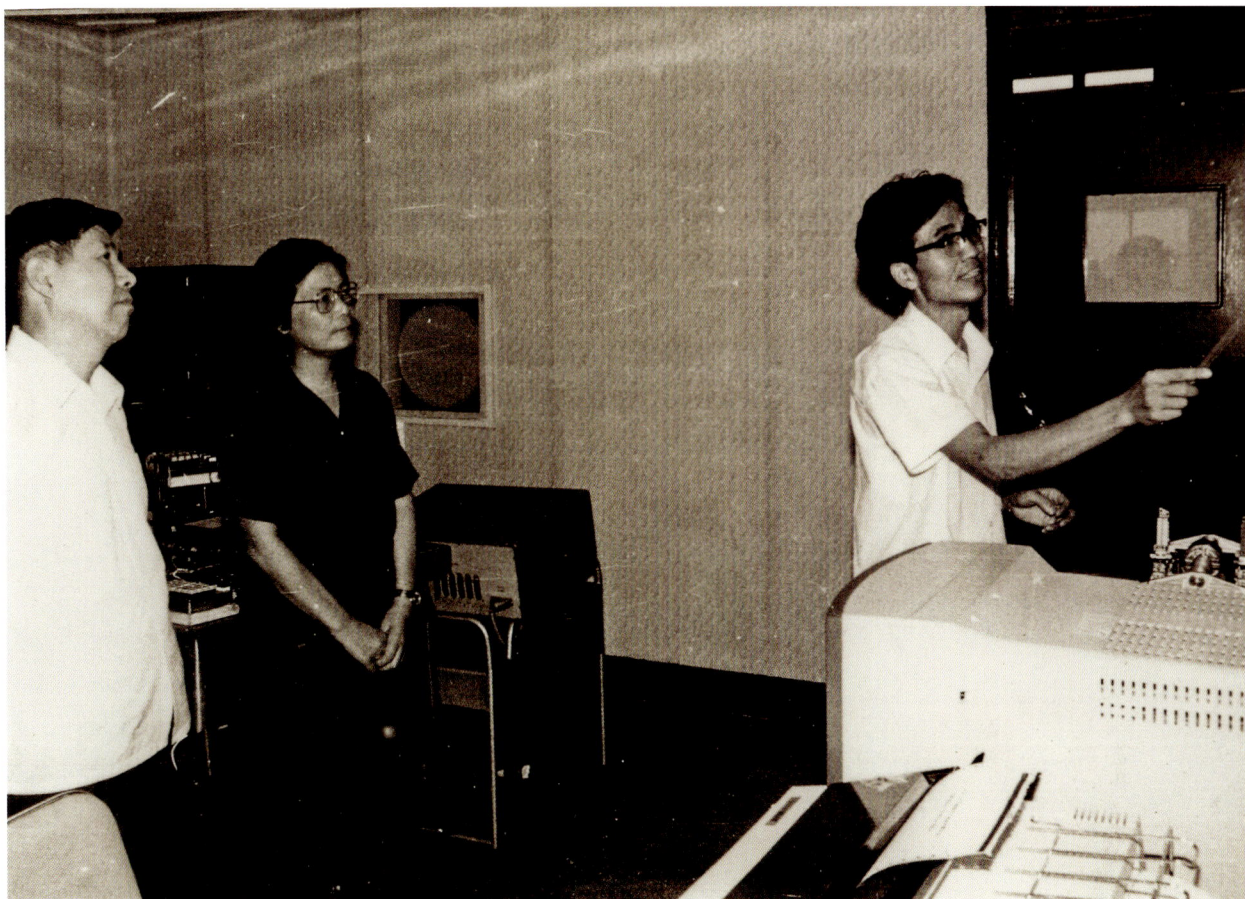

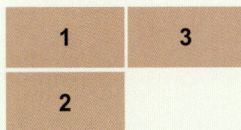

① 与气象局同志在北京长城合影
② 在北京长城留影
③ 1987年,国防科工委聂力同志(左二)调研上海技物所

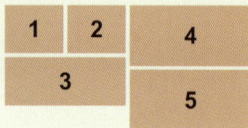

1	2	4
3		5

❶ ❷ 1996年4月，气象局邹竞蒙局长调研上海技物所

❸ 中国科学院副院长严义埙（时任）调研上海技物所

❹ ❺ 风云二号A星转场动员会

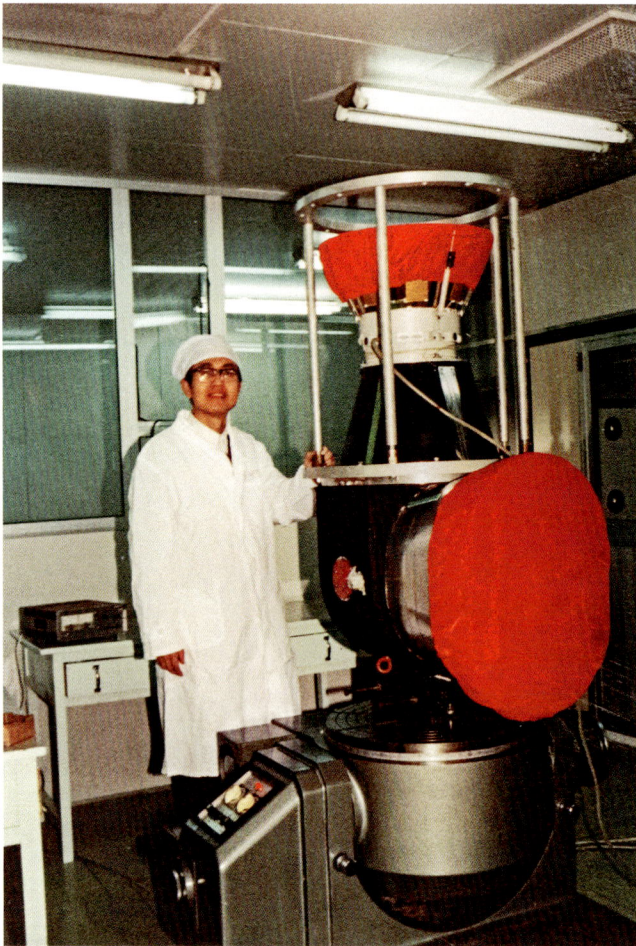

① 与出所前的风云二号A星扫描辐射计合影

② 与课题组在实验内讨论测试情况

③ 在西昌基地技术厂房做发射前检测

④ 风云二号A星多通道扫描辐射计系统检测设备

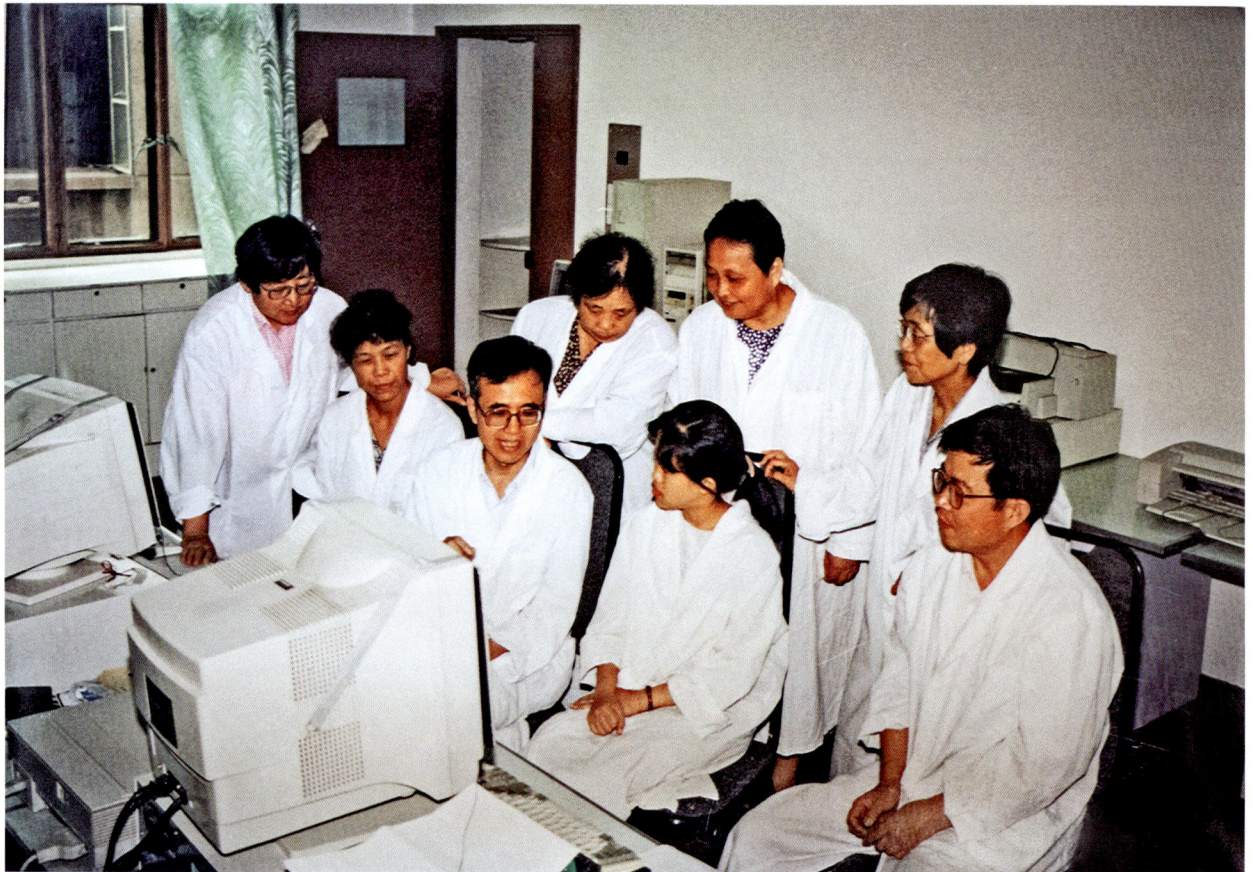

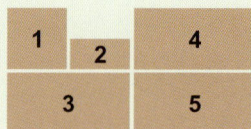

1. 风云二号A星发射
2. 3. 在西昌基地技术厂房介绍风云二号A星扫描辐射计情况
4. 1997年6月10日，庆祝风云二号A星发射成功
5. 中国科学院上海分院慰问风云二号A星试验队

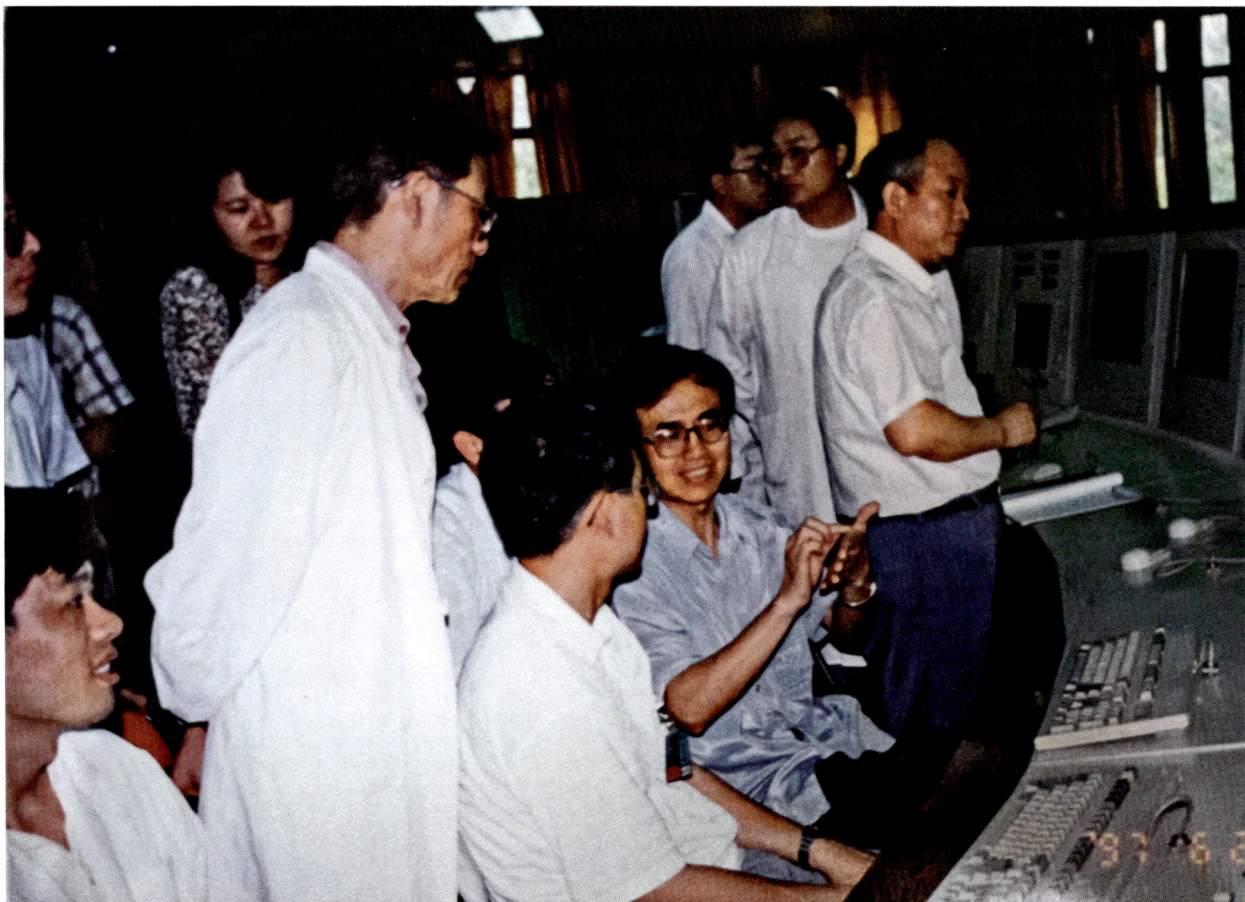

1	2
	3

❶ 1997年6月2日,于北京气象局地面遥测站观看风云二号
A星首幅云图

❷ ❸ 1997年7月13日,风云二号A星成功获取云图后,于
气象局地面站合影

❶ ❷ 1997年12月1日,风云二号气象卫星工程交付仪式

❸ 1998年,中国科学院成都分院关晓副院长一行调研上海技物所

❹ 1999年4月,空军装备部四部长一行调研上海技物所

❺ 2000年,上海市政协工会主席调研上海技物所

风云二号气象卫星工程
交付仪式
一九九七年十二月一日
北京

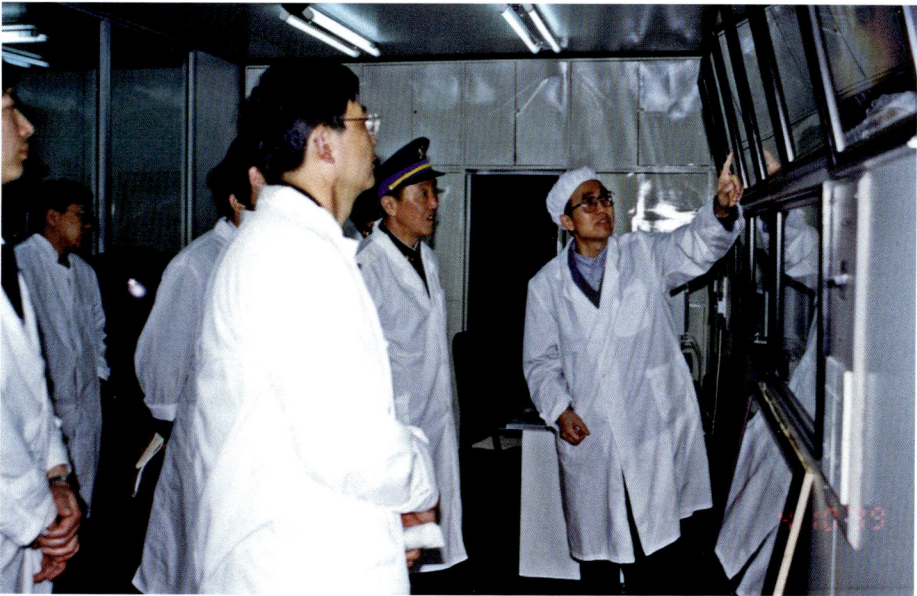

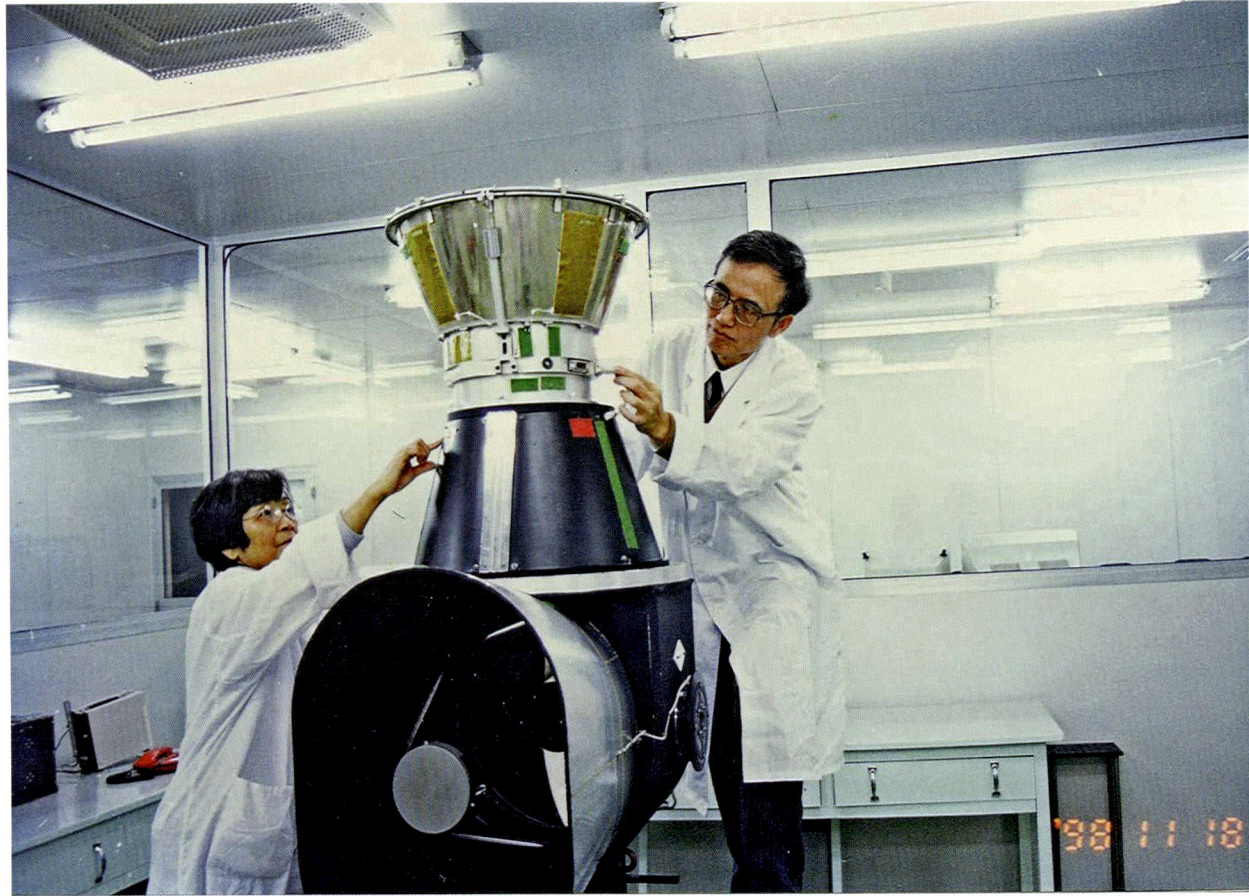

① ② ③ 1998年11月18日,风云二
号B星扫描辐射计调试

④ ⑤ 在实验室指导工作

1	2	5
3		6
4		7

❶ 风云二号B星发射前动员大会

❷ 火车专列赴西昌基地途中

❸ 在西昌基地瞭望塔架前

❹ 风云二号B星试验队庆"五一"联欢会

❺ ❻ 与风云二号B星试验队在西昌基地合影

❼ 与风云二号B星试验队参观长征三号火箭

1	3
2	4

❶ 2000年6月26日,庆祝风云二号B星发射成功

❷ 上海技物所迎接风云二号B星试验队凯旋

❸ ❹ 2000年7月19日,风云二号B星成功获取云
图于气象局地面观测站,合影留念

1

1	2
	3
	4

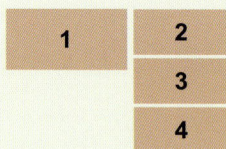

❶ 风云二号成像试验
❷ ❸ ❹ 风云二号成像试验

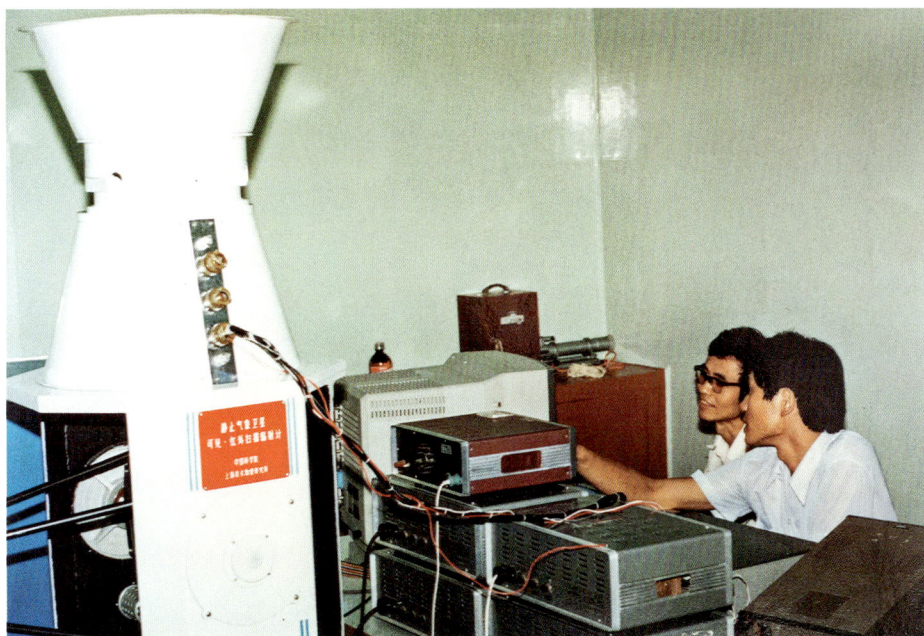

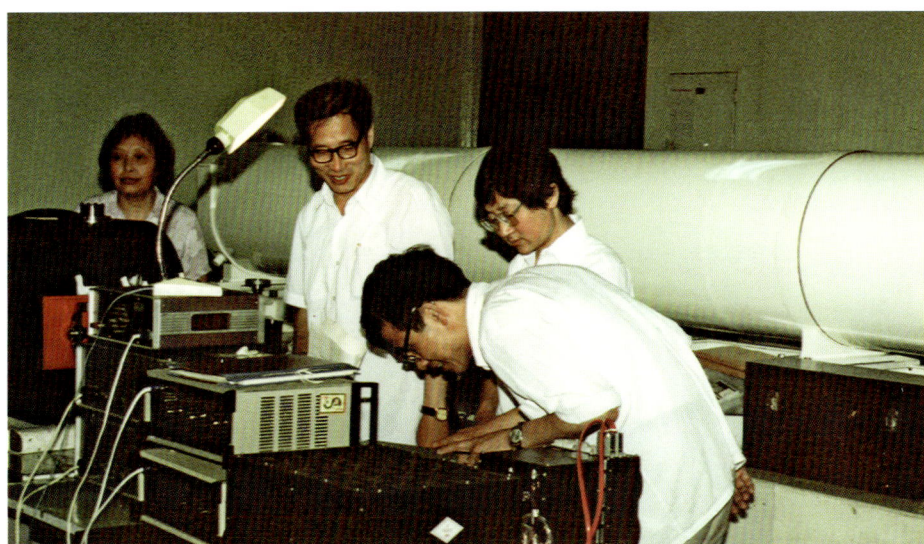

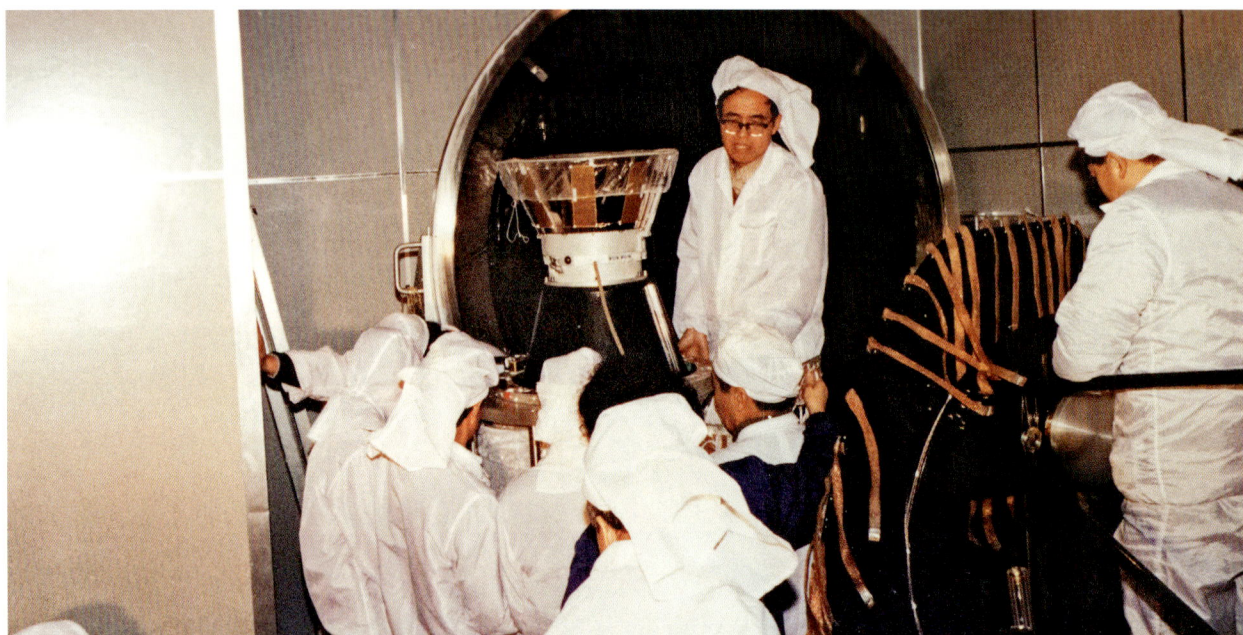

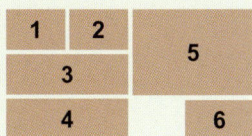

❶❷❸❹ 风云二号红外定标试验

❺ 课题组获 1999 年度上海技物所文明
班组称号后合影留念

❻ 1996 年，参加第 12 届全国红外科学
技术交流会

第四章

耕耘与收获

陈桂林把风云二号A星的第一张可见光云图放大并挂在办公室墙上，不仅是自豪也是鞭策。他鞭策自己，风云二号所装载的仪器虽然有中国自己的特色，在许多方面已令全球同行瞩目，但在一些基础性、关键性技术上，与国际先进水平相比仍然有差距，必须再接再厉。随后，陈桂林带领团队对负责研制的风云二号02批C星的多通道扫描辐射计实施了重大技术改进，将辐射计的观测通道从3个增加到5个，红外通道的温度分辨率和可见光通道的信噪比均有明显提高，同时增加了对森林火灾、草原火灾、大雾天气和沙尘暴的观测能力。

① 2004年6月10日,风云二号C星扫描辐射计出所前留影

② 2004年9月9日,于西昌基地开展风云二号C星扫描辐射计检测

③ ④ 2004年9月10日,与风云二号C星扫描辐射计装星前合影

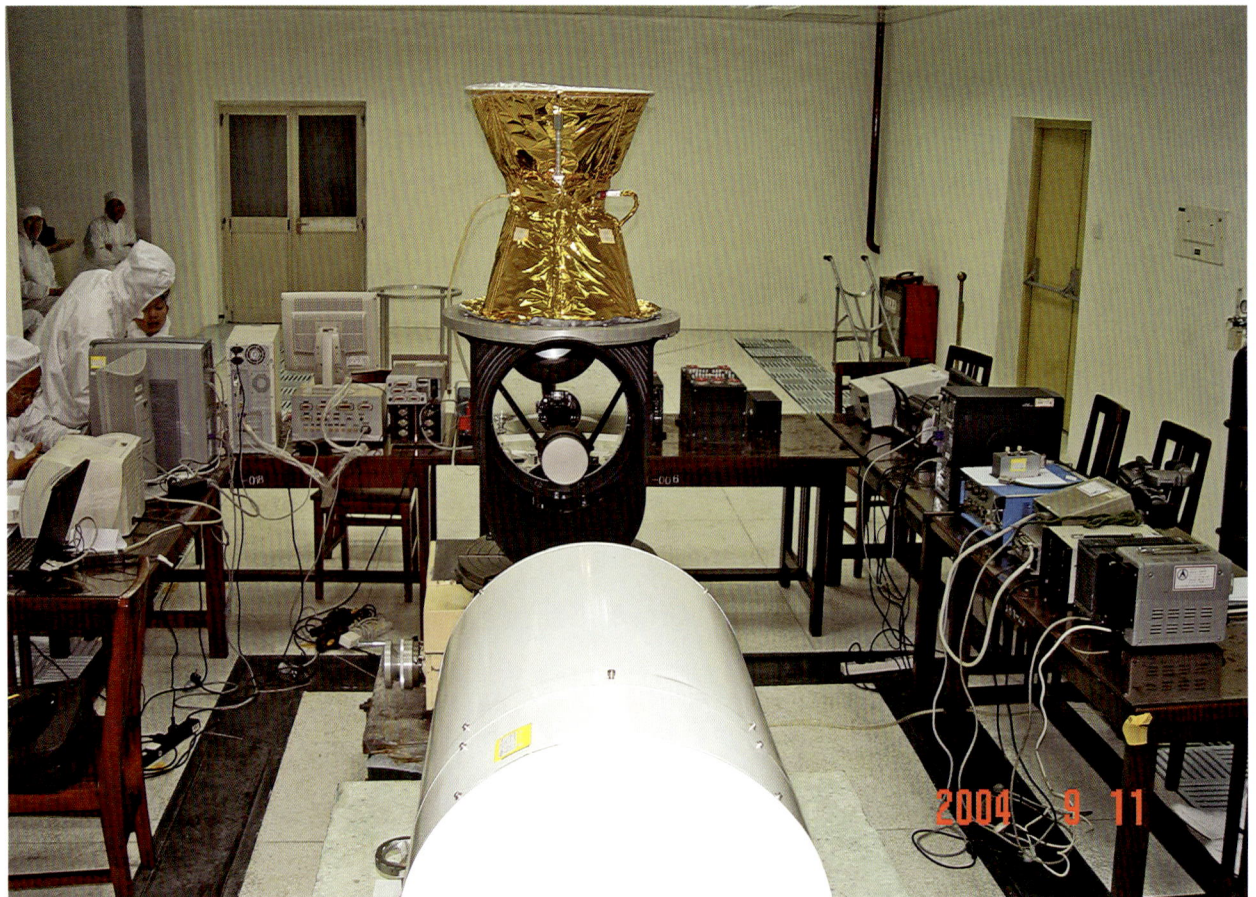

02/10/2004

1	3	4
2		5

❶ 2004年9月10日,于西昌基地开展风云二号C星扫描辐射计检测

❷ 2004年9月11日,于西昌基地开展风云二号C星扫描辐射计检测

❸ ❹ 2004年10月2日,风云二号C星转场

❺ 2004年10月10日,长征三号火箭转场

2004 10 17

1		3
2		

❶ ❷ 2004年10月12日,于风云二号C星发射场合影

❸ 2004年10月17日,于风云二号C星发射场合影

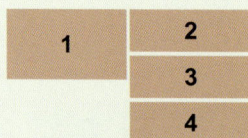

热烈欢迎上海技物所
"风云二号"气象卫星(04)星试验队胜利凯旋

20.10.2004

1	2
	3
	4

❶ 2004年10月20日,上海技物所迎接风云二号C星试验队凯旋

❷ 2004年10月29日,风云二号C星成功获取云图

❸ ❹ 2004年11月20日,在北京参加风云二号C星在轨测试

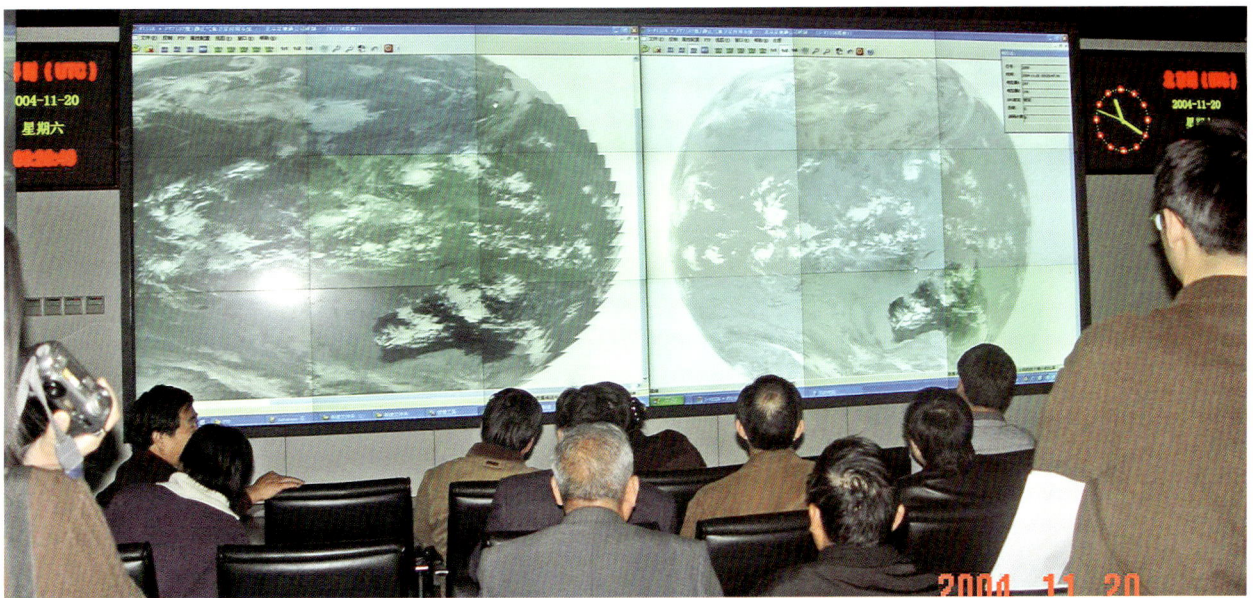

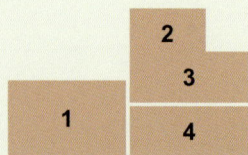

① 2006年10月,欢送风云二号D星试验队出征
② 2006年10月,风云二号D星试验队出征动员会
③ ④ 2006年10月21日,风云二号D星试验队在火车专列前留影

1	3
2	4

❶ 2006年10月22日，在火车专列上学习
❷ 2006年10月22日，在途中车站留影
❸ 2006年10月23日，在玉屏火车站留影
❹ 2006年10月24日，专列在途中

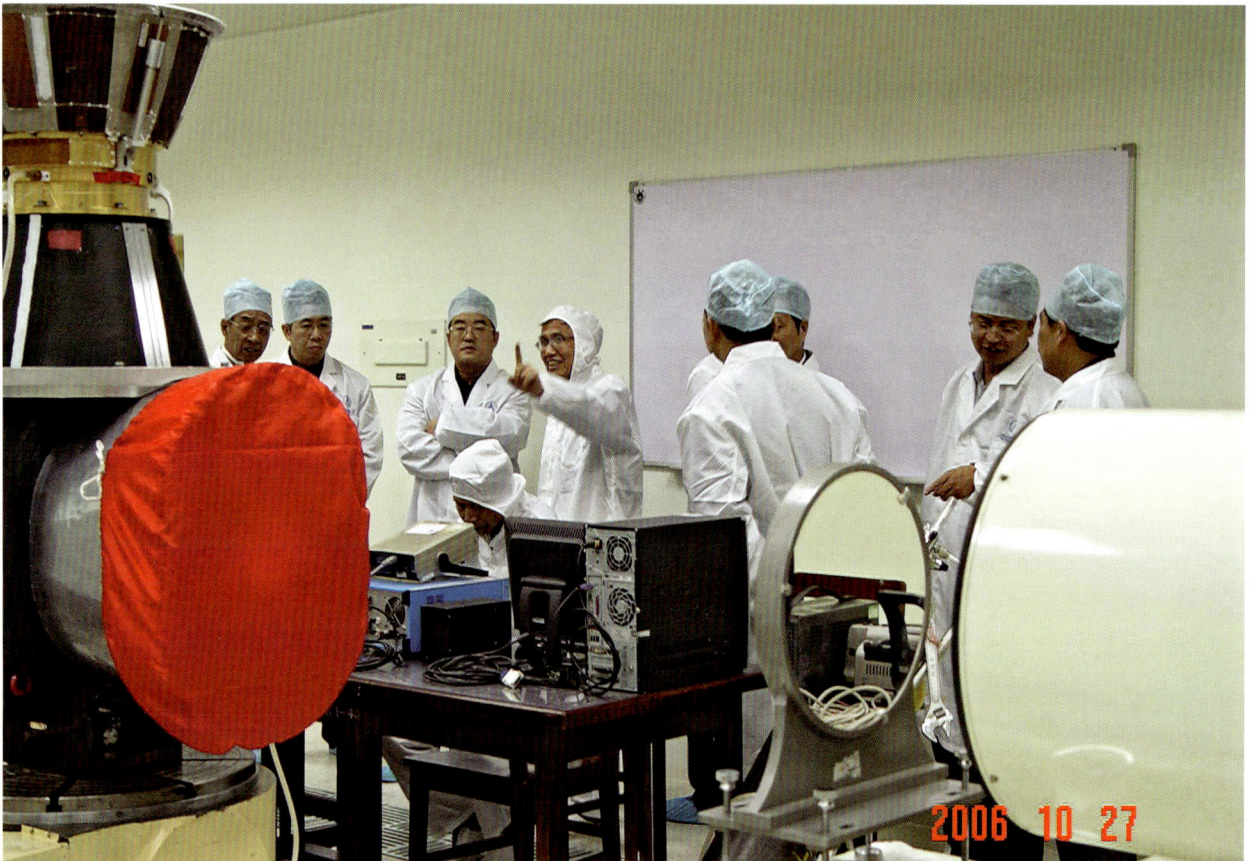

1	2	4
3		5

❶ ❷ ❸ 2006年10月27日，在西昌基地介绍风云二号D星扫描辐射计

❹ ❺ 2006年10月30日至31日，风云二号D星扫描辐射计技术检测

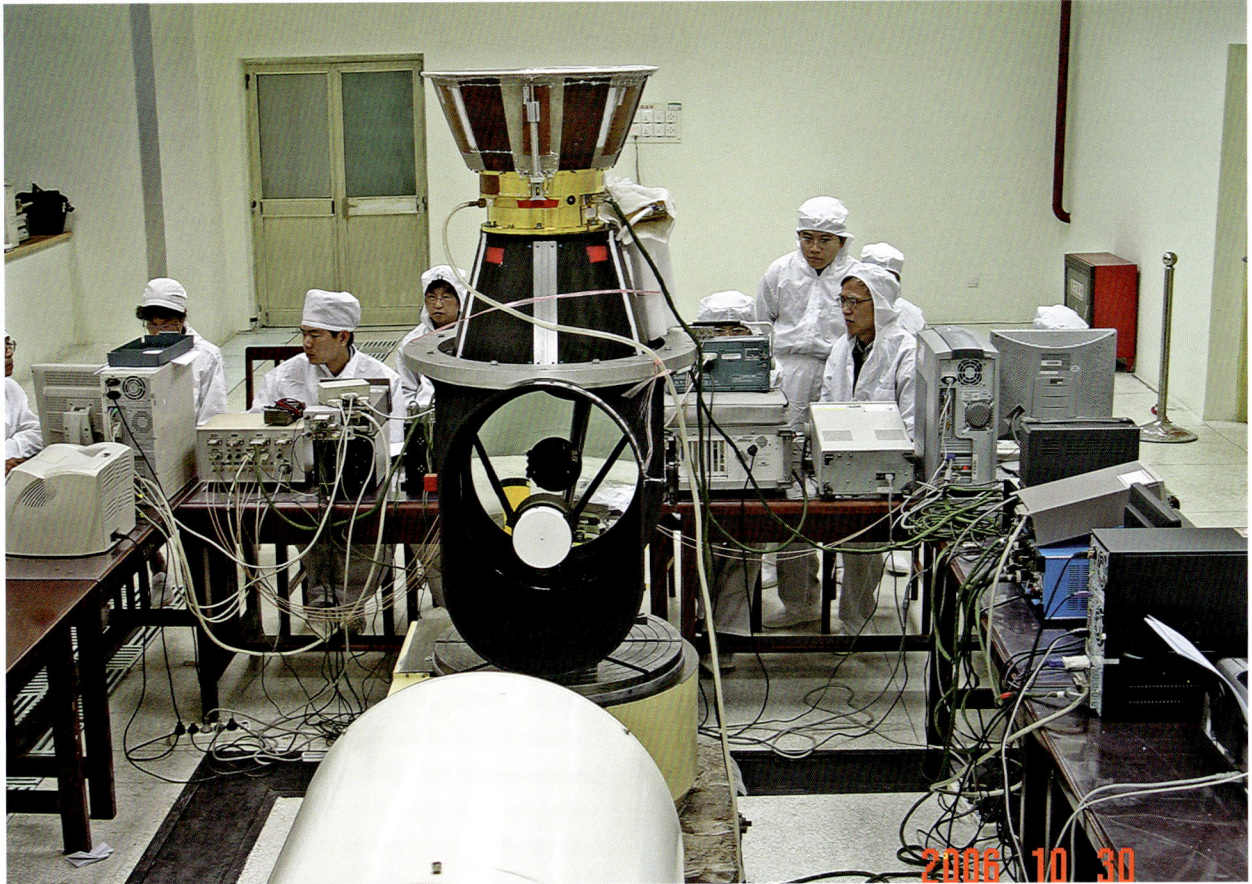

2006 11 1

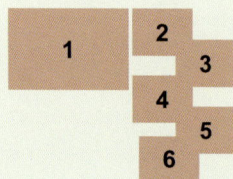

❶ 2006年11月1日，与风云二号D星扫描辐射计装星前合影
❷❸❹❺❻ 2006年11月1日，基地领导到现场指挥工作

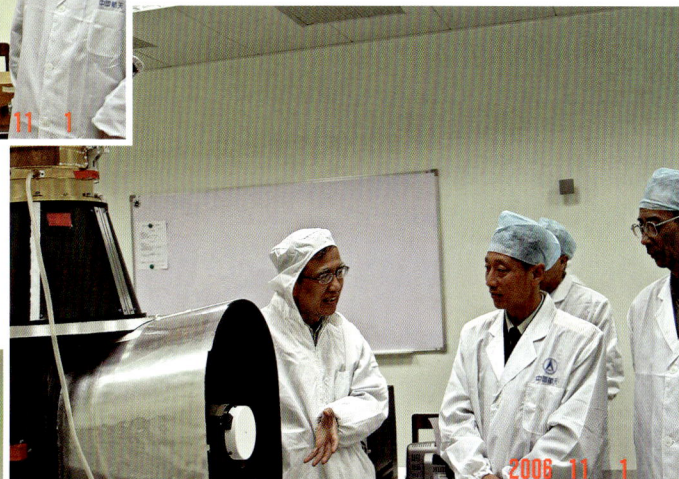

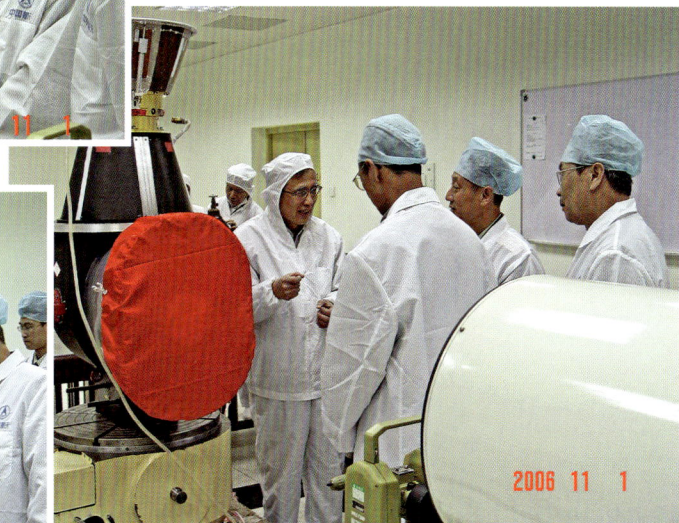

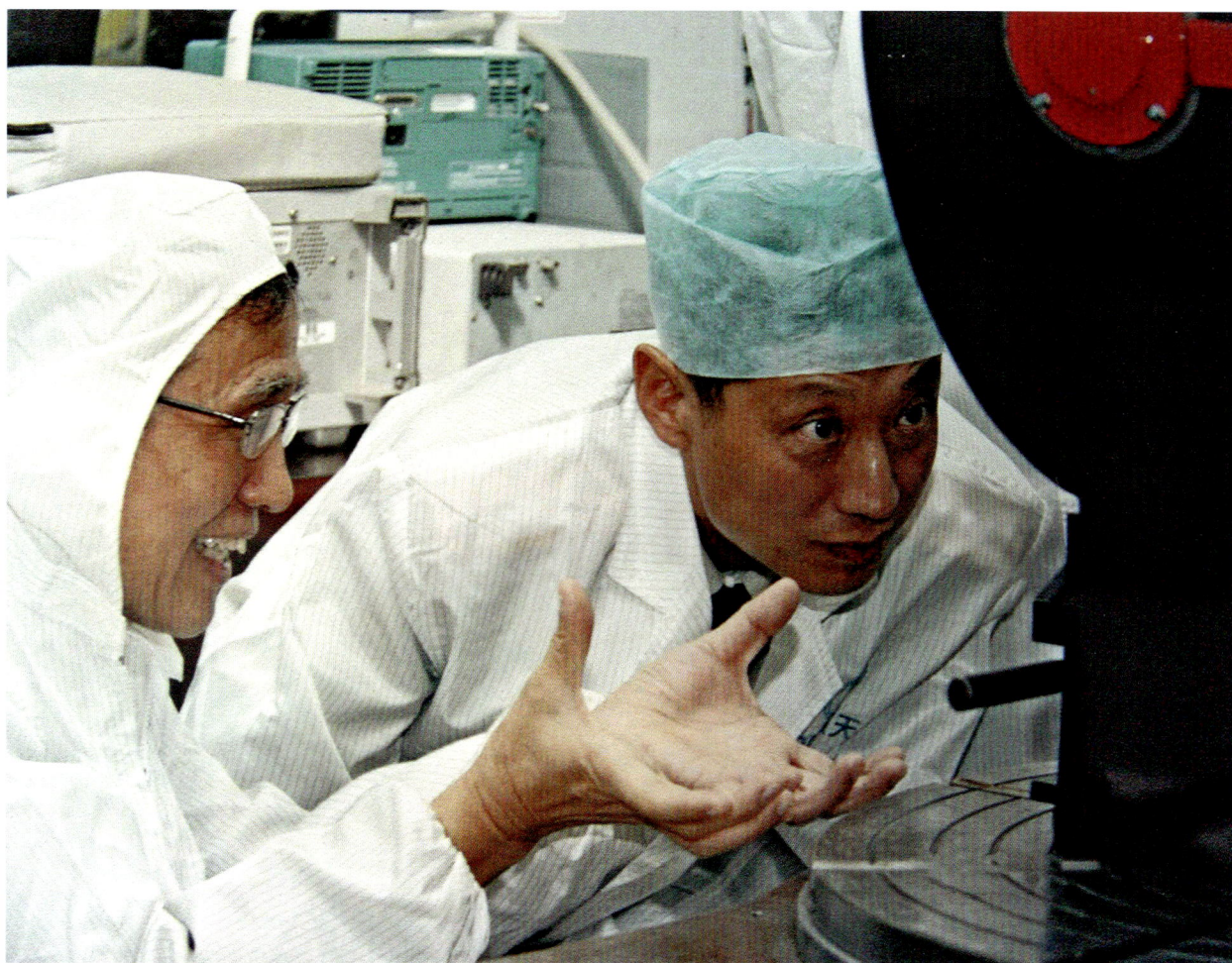

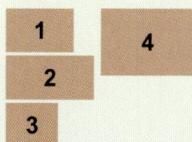

1	4
2	
3	

❶ ❷ ❸ 2006年11月2日,风云二号D星扫
描辐射计交付检查

❹ 2006年11月11日,向西昌基地领导介绍
风云二号D星扫描辐射计

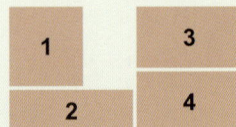

① 2006年11月15日,测试结束回住所

② 2006年11月30日,发射前于塔架上做最后检查确认

③ ④ 2006年11月20日,于西昌基地老槐树下留影

2006 11 20

2006 11 20

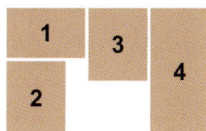

① 风云二号D星与长征三号甲运载火箭星箭组合体

② 风云二号D星

③ ④ 风云二号D星发射升空

❶❷　2006年12月7日,风云二号卫星试验队慰问
　　大凉山八一村小学

❸　2006年12月7日,风云二号卫星试验队与八一村
　　小学师生合影

2006 12 7

❶ 上海技物所迎接风云二号D星试验队凯旋

❷❸ 2006年12月14日,在北京气象局地面观测站
观看风云二号D星云图

1	2	5	
3	4	6	

❶❷❸❹ 2006年12月14日至15日,在北京气象局地面
观测站观看风云二号D星云图

❺ 2007年1月3日,观看风云二号D星云图

❻ 2007年1月12日,风云二号D星第一套图像获取观摩仪式

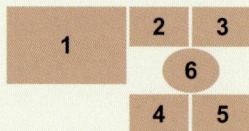

	2	3
1	6	
	4	5

❶ 工程三室获上海技物所文明部门称号后合影留念

❷❸❹❺❻ 2008年7月14日，在上海卫星工程研究所开展
风云二号E星扫描辐射计红外定标试验

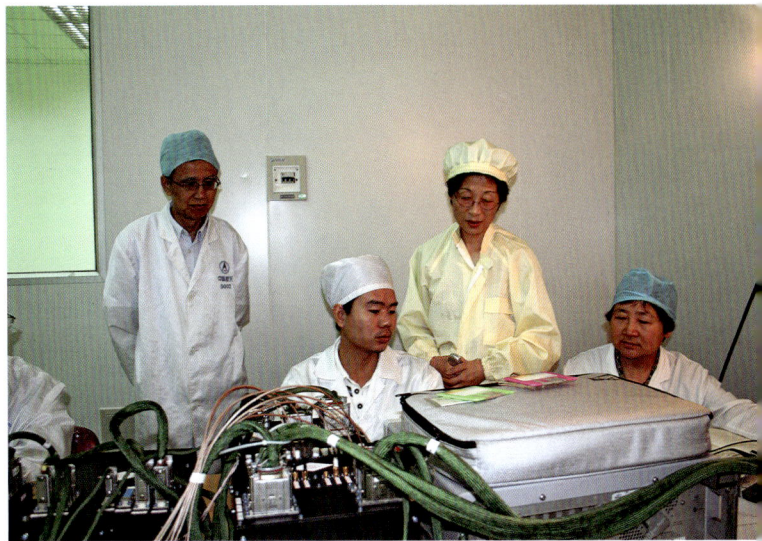

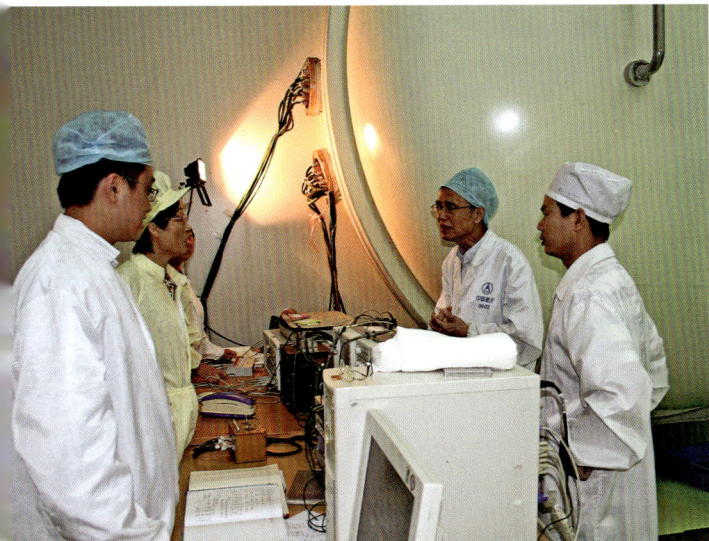

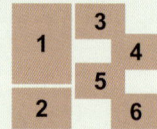

① 2008年3月15日,开展风云二号
E星扫描辐射计制冷光校试验

② 2008年3月31日,风云二号E星
辐射制冷器

③ ④ ⑤ ⑥ 2008年6月至7月,开
展风云二号E星扫描
辐射计红外定标试验

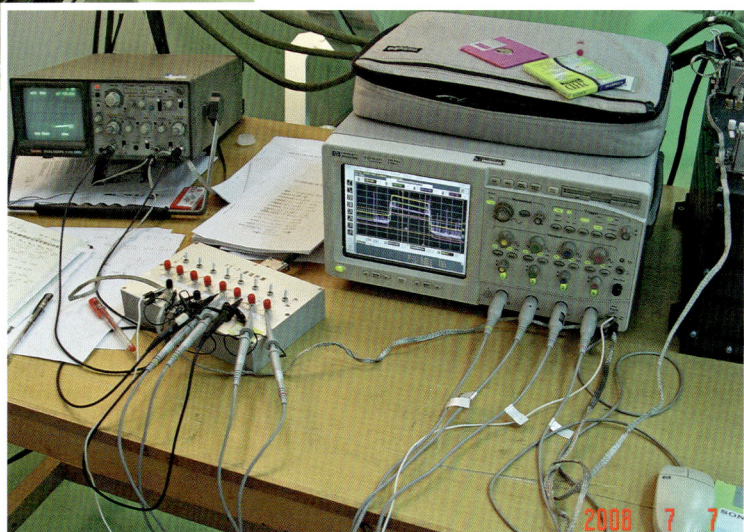

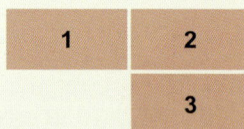

① 风云二号E星出征动员会
② 火车专列上与空间中心试验队讨论交流
③ 火车专列途中留影

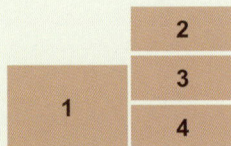

❶ 与风云二号E星试验队在西昌基地发射塔架
  前合影

❷ 2008年11月9日,在西昌基地留影

❸ ❹ 2008年11月12日,开展风云二号E星
  扫描辐射计检查

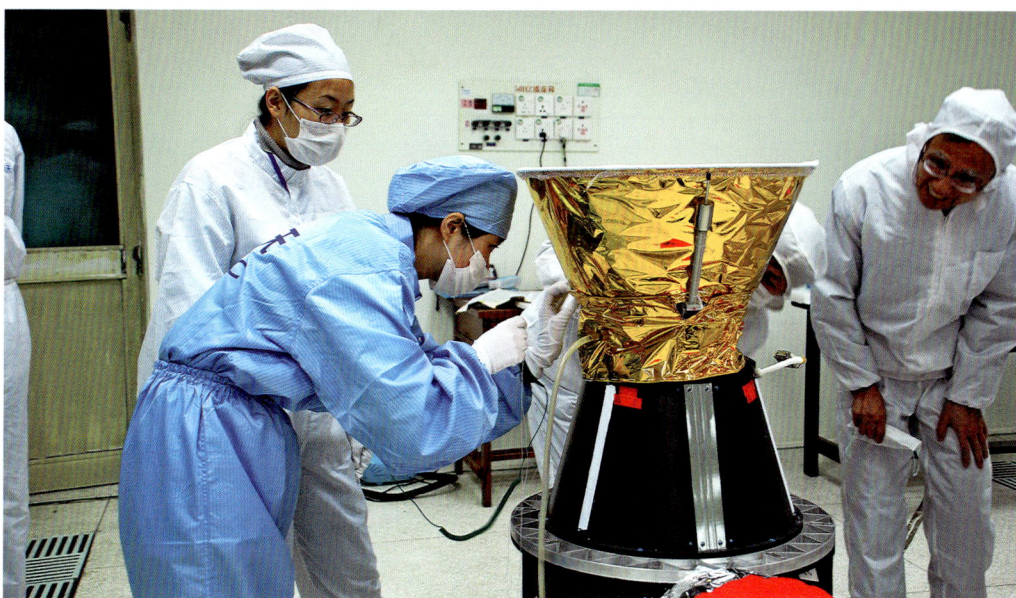

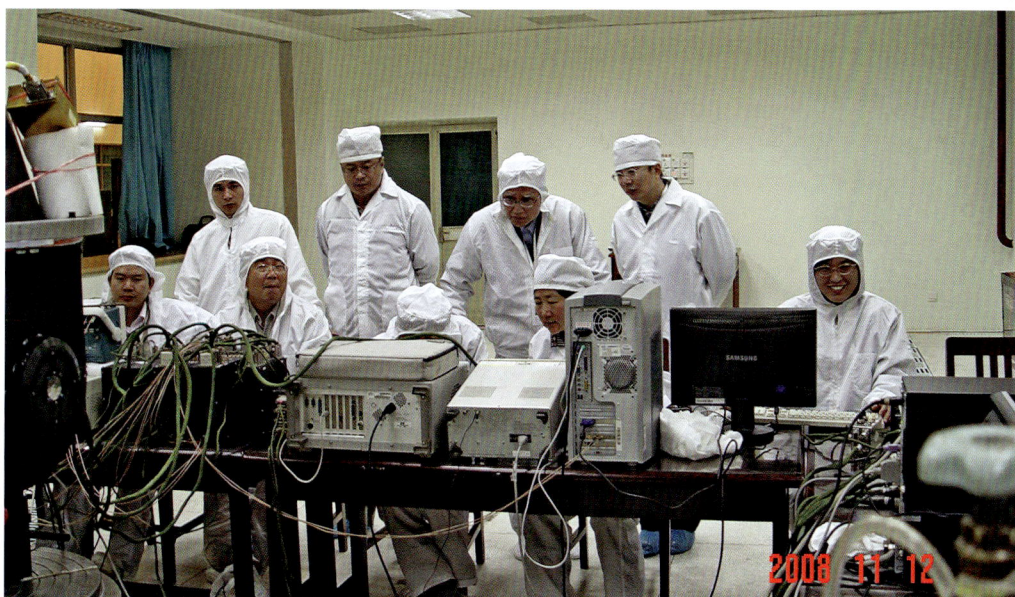

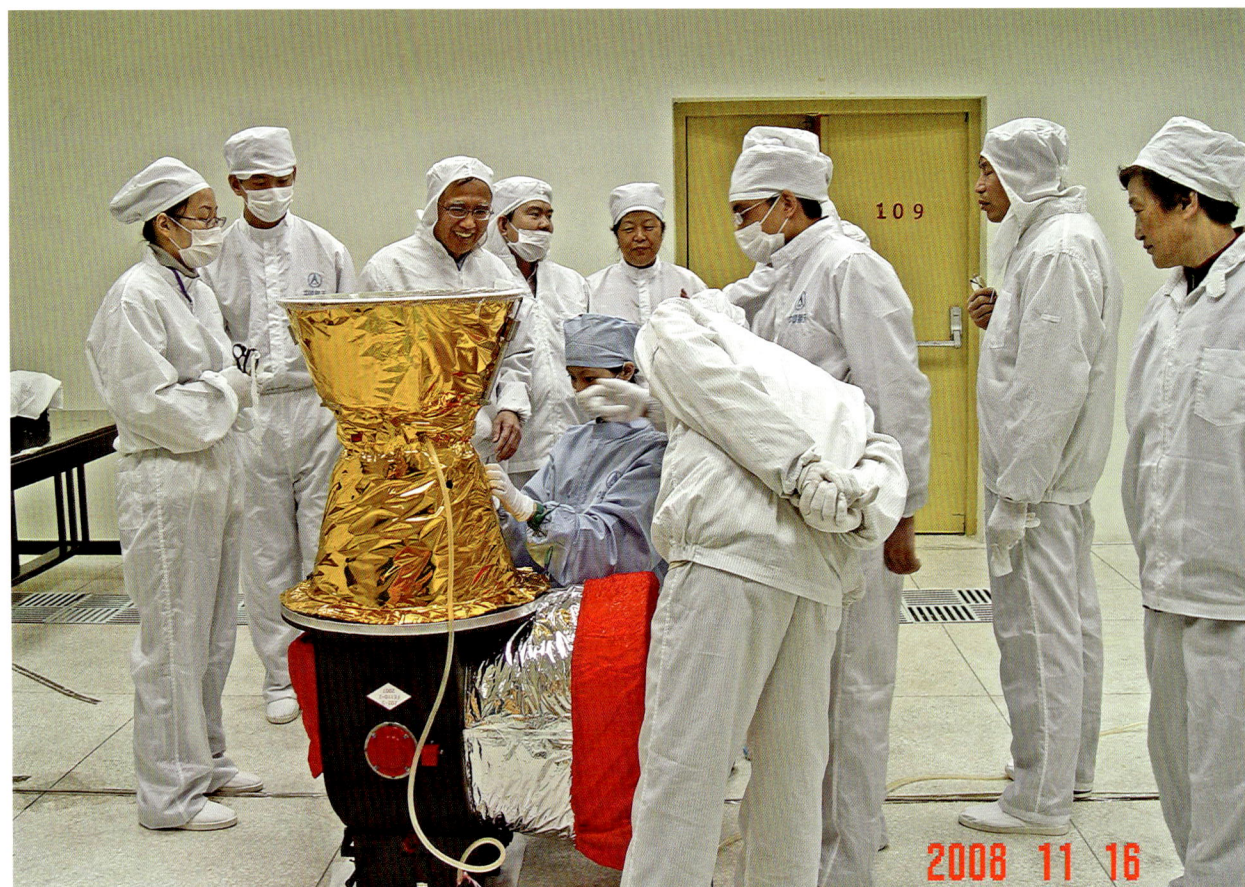

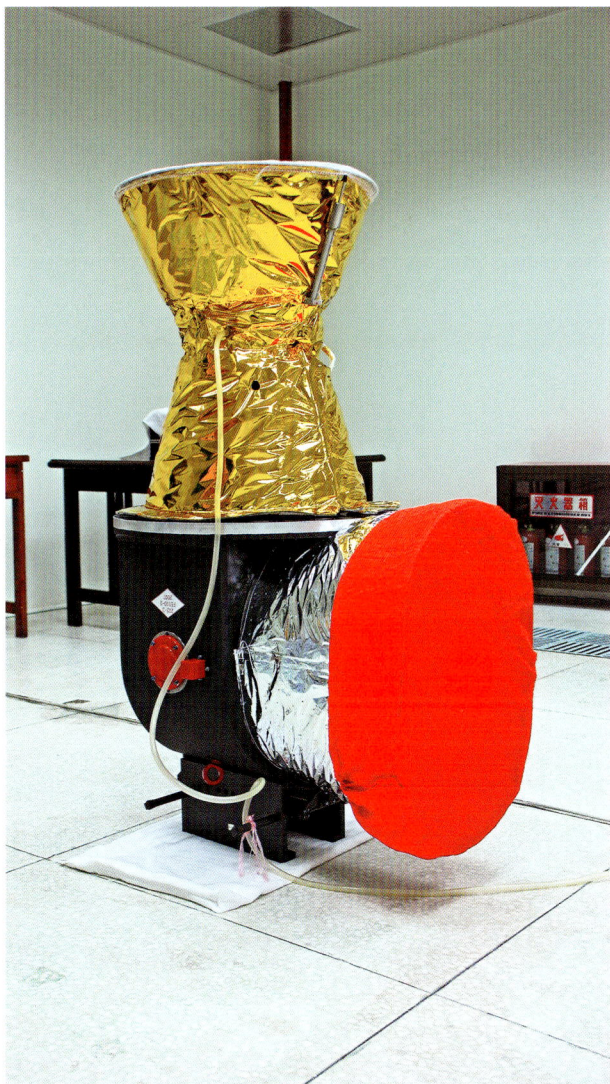

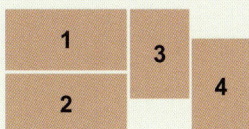

1		3	
2			4

❶ 2008年11月15日,向总公司领导介绍风云二号E星扫描辐射计

❷ 2008年11月16日,为风云二号E星扫描辐射计进行温控包扎

❸ ❹ 做风云二号E星扫描辐射计最后检查

2008 11 16

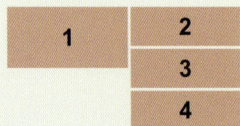

① 2008年11月16日，风云二号E星扫描辐射计交付前合影
②③④ 2008年11月22日，风云二号E星试验队五分队学习讨论

1. 2008年12月12日,在西昌基地开展活动
2. 2008年12月13日,上海技物所慰问试验队
3. 4. 2008年12月13日,西昌基地试验队队员集体庆祝生日
5. 2008年12月15日,在西昌基地留影

1	2		4	
	3		5	6
				7

❶❷❸ 2008年11月3日风云二号E星试验队出发前往基地

❹ 迎接风云二号E星试验队胜利凯旋

❺❻❼ 在国家卫星气象中心观看风云二号E星云图

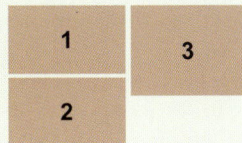

❶ ❷ 在北京与试验队庆祝完成风云二号E星在轨测试

❸ 风云二号E星成功获取云图后合影

第五章

未来犹可期

　　自2008年起，陈桂林又带领团队负责研制第三批风云二号多通道扫描辐射计，在定量观测、设计寿命和可靠性等方面又比第二批更进一步，分别提供给风云二号F、G、H星用。

　　2018年，风云二号H星成功发射，该星也是我国第一代静止气象卫星的收官之星。风云二号H星不仅继承了该系列卫星的优良品质，优化了我国气象卫星的"天网"布局，而且调整了原定"站位"——向偏西移动，肩负起为"一带一路"合作伙伴以及亚太空间合作组织成员国提供气象监测服务的重任。风云系列气象卫星攻克了一系列的关键技术多项科技"并跑"国际，气象卫星事业由以前的"追赶"，变为"领先"。风云气象卫星的国际化服务之路充分体现了中国作为发展中大国对国际社会的重要担当。

❶ 2011年8月29日，风云二号F星
扫描辐射计出所评审

❷ 出发前的交流

1	
2	3

❶ 2011年11月28日，在西昌基地清洁测试间

❷❸ 2011年11月30日，风云二号F星扫描辐射计到达西昌基地

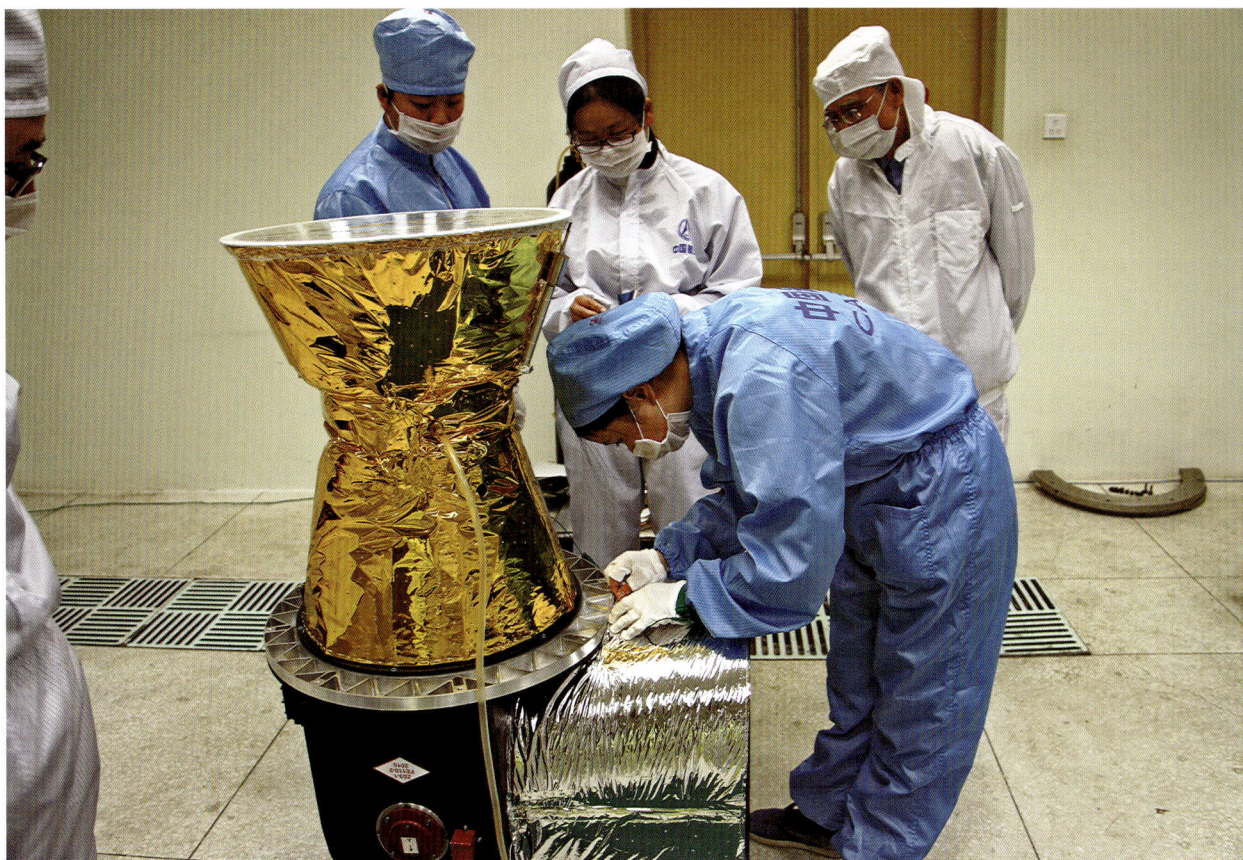

```
 ┌───┬───┐
 │ 1 │ 4 │
 ├───┼───┼───┐
 │ 2 │ 5 │ 6 │
 ├───┴───┴───┘
 │ 3 │
 └───┘
```

❶ ❷ ❸ 2011年12月2日,在西昌基地
开展测试工作

❹ ❺ ❻ 2011年12月4日,风云二号F
星扫描辐射计最后检查

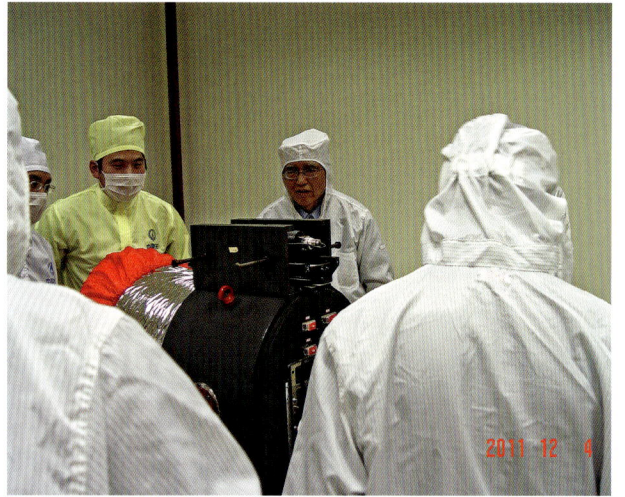

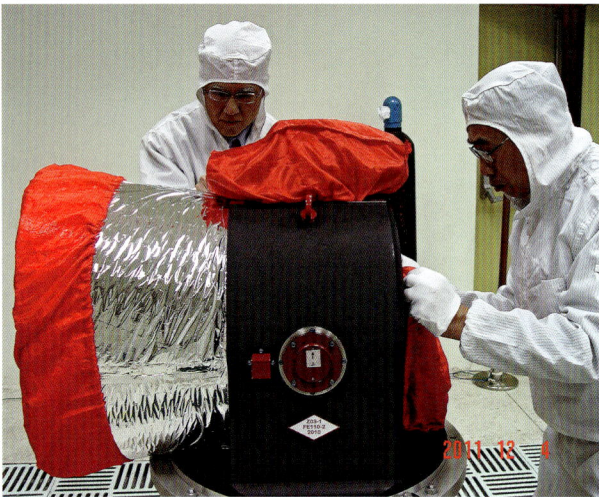

1	2	5
3	4	
	6	

❶❷❸❹ 2011年12月4日,风云二号F星扫描辐射计最后检查

❺❻ 2011年12月4日,风云二号F星扫描辐射计留影

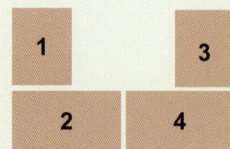

1		3
2	4	

❶❷❸❹ 2011年12月6日,风云二号
F星扫描辐射计正在装星

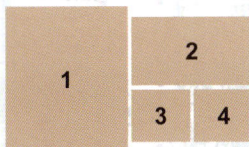

❶ 西昌基地（摄于2011年12月7日）

❷ 2011年12月7日，风云二号F星发射场工作动员会

❸ 2011年12月17日，西昌基地联欢活动

❹ 2011年12月18日，开展联调测试

❶ ❷ 西昌卫星发射场（摄于2011年12月28日）

❸ 2012年1月1日，参加风云二号F星试验队联欢晚会

❹ 2012年1月4日，风云二号F星转场

1 │ 3
2 │ 4

❶ 2012年1月5日,与当地儿童合影
❷ 2012年1月5日,与试验队于西昌基地
老槐树下留影
❸ ❹ 2012年1月5日,于西昌基地留影

1 | 2 | 4
3

① ② 2012年1月6日,于发射塔做最后检查
③ 2012年1月7日,与同事于发射塔前合影
④ 2012年1月12日,与试验队于西昌科技协作楼前合影

1	2	4
3		5
		6

❶❷❸ 2011年12月23日，风云二号F星试验队慰问大凉山八一村小学

❹ 2012年1月18日，在国家卫星气象中心检查风云二号F星扫描辐射计在轨状态

❺ 2012年1月18日，气象局领导到地面站指导工作

❻ 风云二号F星的第一幅云图

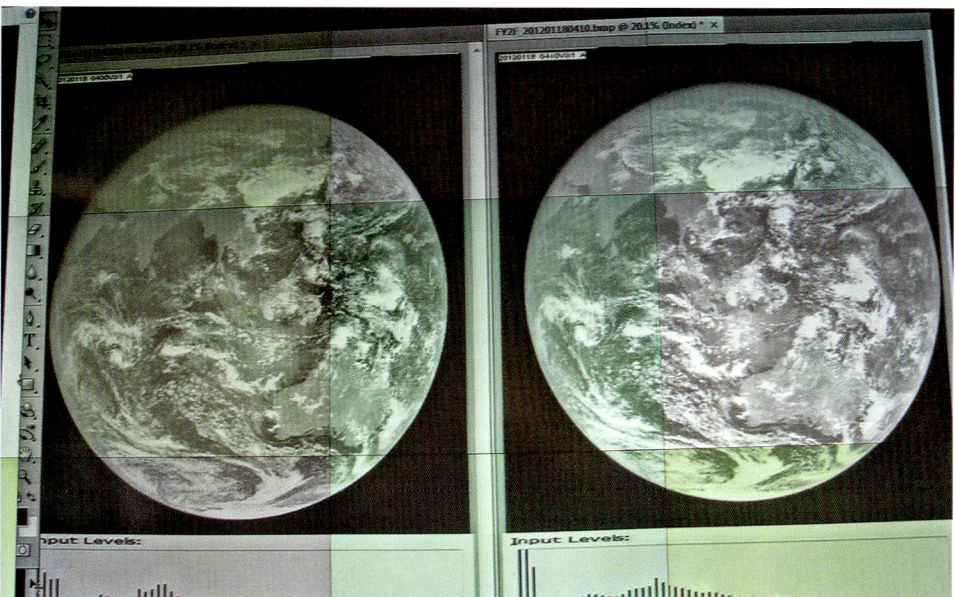

1	3
2	4
	5

❶❷❸❹❺ 2012年1月19日,检查风云二号F
星扫描辐射计在轨状态

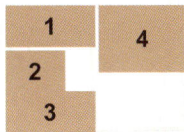

① 2012年2月4日，与卫星总师李卿（中）合影

② ③ 2012年2月4日，观看风云二号F星第一张红外云图

④ 2012年2月6日，风云二号F星领导小组第一次会议

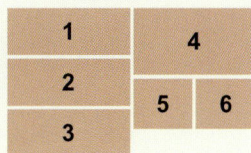

❶ ❷ ❸ ❹ ❺ ❻ 2013年10月，在云南丽江开展风云二号G星扫描辐射计定标试验

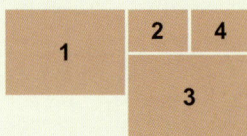

❶ 2014年11月4日,风云二号G星试验队前往西昌基地前于上海技物所物理楼前合影

❷ ❸ ❹ 2014年11月16日,风云二号G星扫描辐射计到达基地

1	2	5
3	4	6

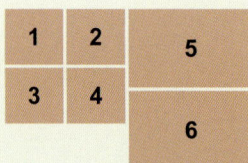

❶❷❸❹❺2014年11月17日至19日,风云二号G星扫描
辐射计调试检测
❻2014年11月19日,与交付前的风云二号G星扫描辐射计合影

<table>
<tr><td rowspan="2">1</td><td>2</td><td>3</td></tr>
<tr><td colspan="2">4</td></tr>
</table>

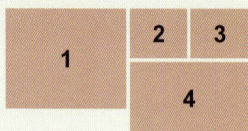

❶ 2014年12月19日,风云二号G星转场

❷ ❸ 2014年12月19日,风云二号G星安装上箭

❹ 2014年12月19日,发射塔前留影

❶ ❷ ❸ 西昌基地发射塔（摄于2014年12月19日）

❹ 2014年12月21日，于发射塔内做发射前检查

❶ ❷ 2014年12月22日,风云二号G星与长征火箭

❸ 2014年12月22日,与试验队合影

❶ ❷ ❸ 2014年12月24日，参观锦屏水电站

❶ ❷ ❸ 2014年12月24日，参观锦屏水电站

❶ ❷ ❸ 2014年12月25日,慰问大凉山八一村小学

❶❷❸❹ 2018年4月26日，上海技物所风云二号H星试验队于"凉山"上合影

❺❻❼❽ 2018年4月24日，试验队与风云二号H星扫描辐射计合影

❶ 2018年4月26日,风云二号H星试验队于西昌基地合影

❷ 摄于大凉山沙坝小学(2018年5月17日)

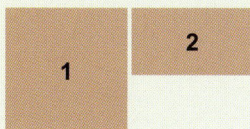

❶ 2018年5月19日,风云二号H星试验队合影
❷ 2018年5月19日,风云二号H星试验队部分成员合影

❶ 2018年5月19日，风云二号H星试验队合影
❷ 2018年6月4日，与孙家栋院士（右六）、匡定波院士（右五）合影
❸ 2018年6月5日，风云二号H星发射前与领导在基地合影

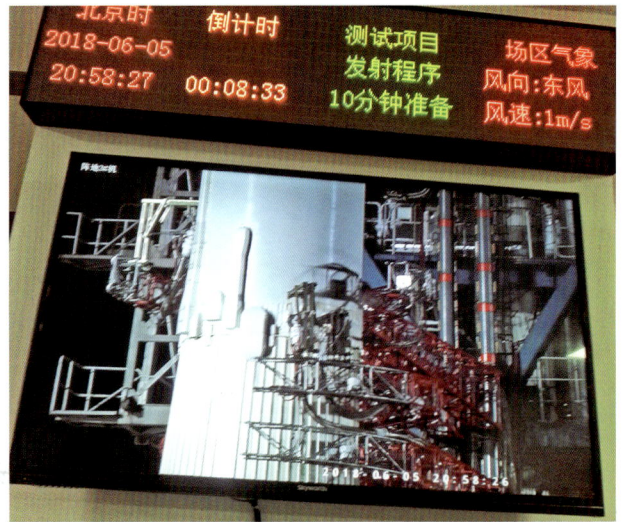

① 2018年6月5日，风云二号H星发射倒计时12小时准备
② 2018年6月5日，风云二号H星发射倒计时10分钟准备
③ ④ 2018年6月5日，西昌基地联欢晚会
⑤ ⑥ 2018年6月6日，准备离开西昌基地

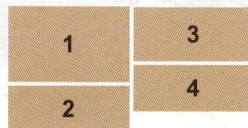

① ② 2018年6月6日，准备离开西昌基地

③ 2018年6月6日，于西昌机场留影

④ 2018年12月24日，风云二号H星正式交付使用座谈会

第六章

桃李竞芳菲

随着新技术的发展，陈桂林在关注及指导新一代仪器的研制过程中，培养了众多研究生，如今他们中的很多已经成为上海技物所乃至社会的中坚力量。陈桂林反复教导他们："遇到问题一定要弄清楚，问题不可怕，松懈的态度是最可怕的。关键在于认真对待，地面上出现的任何异常现象都可能是隐患，在地面上出现从另一面而言是好事，否则问题到了天上对产品是灭顶之灾。"

陈桂林院士学生名单

序号	姓名	性别	入学时间	攻读学位	专业	序号	姓名	性别	入学时间	攻读学位	专业
1	李永福	男	1986.9	硕士	光电技术	24	闻路红	男	2002.4	博士	物电
2	顾亚娟	女	1991.9	硕士	光电技术	25	陈福春	男	2003.9	硕士	物电
3	薛其贞	男	1992.9	硕士	物电	26	高松	男	2001.9	硕士	信号
4	黄兴旺	男	1993.9	硕士	物电	27	朱鸿泰	男	2001.9	硕士	信号
5	谢颂强	男	1994.9	硕士	物电	28	黄栋梁	男	2000.9	博士	物电
6	李敦	男	1994.9	硕士	物电	29	范红	女	2002.4	博士	物电
7	谭卫军	男	1995.9	硕士	物电	30	李晓坤	男	2001.9	硕士	物电
8	麻英君	男	1995.9	硕士	信号	31	陈凡胜	男	2002.9	硕士	光学
9	孙胜利	男	1996.4	博士	物电	32	刘鸿飞	男	2002.9	硕士	物电
10	张斌	女	1996.9	硕士	信号	33	张强	男	2002.9	硕士	物电
11	吕俊杰	男	1996.9	博士	物电	34	林长青	男	2002.9	硕士	信号
12	田志刚	男	1997.9	博士	物电	35	童卫旗	男	2001.4	博士	物电
13	郑庆芳	女	1997.9	硕士	物电	36	安博文	男	2004.4	博士	电路
14	郭强	男	1998.9	硕士	信号	37	陈秋霞	女	2003.9	硕士	电路
15	许展青	男	1999.4	博士	物电	38	彭文臣	男	2003.9	硕士	光学
16	黄苗青	男	1998.6	博士	物电	39	陈凡胜	男	2002.9	博士	物理电子学
17	夏晖	女	1999.9	硕士	信号	40	高军	男	2004.4	博士	电路与系统
18	曲英丽	女	1999.9	硕士	信号	41	高松	男	2001.9	博士	物理电子学
19	闻路红	男	1999.9	硕士	光工	42	李晓坤	男	2001.9	博士	物理电子学
20	郭强	男	1998.9	博士	物电	43	王成良	男	2003.9	博士	物电
21	黄栋梁	男	2000.9	硕士	物电	44	张强	男	2002.9	博士	物电
22	张平静	女	2000.9	硕士	信号	45	曾桂英	女	2002.9	博士	物电
23	廖媛	女	2000.9	硕士	物电	46	林长青	男	2002.9	博士	电路

续　表

序号	姓名	性别	入学时间	攻读学位	专业	序号	姓名	性别	入学时间	攻读学位	专业
47	刘鸿飞	男	2002.9	博士	物电	70	朱钰	女	2007.9	博士	电路
48	席红霞	女	2003.9	硕士	电路	71	潘胜达	男	2010.9	博士	电路
49	饶鹏	男	2004.8	硕士	光工	72	饶鹏	男	2008.9	博士	物电
50	韩昌佩	男	2003.9	博士	物电	73	龚学艺	男	2009.9	博士	电路
51	朱鸿泰	男	2005.4	博士	电路	74	董玉翠	女	2010.9	博士	电路
52	游思梁	男	2003.9	博士	电路	75	潘文贵	男	2010.9	博士	电路
53	陈博洋	男	2003.9	博士	电路	76	苏晓锋	男	2010.9	博士	电路
54	尚超	男	2003.9	博士	电路	77	王威	男	2010.9	博士	物电
55	贾伟	男	2005.4	博士	物电	78	陆强	男	2012.9	博士	物电
56	罗勇	男	2003.9	博士	物电	79	邹曜璞	男	2011.9	博士	电路
57	俞建成	男	2003.9	博士	物电	80	崔坤	男	2012.9	博士	电路
58	赵海霞	女	2005.9	硕士	信号	81	廖星星	男	2012.9	博士	电路
59	杨灵	女	2005.9	硕士	信号	82	张磊	男	2012.9	博士	物电
60	杨宝玉	男	2003.9	博士	物电	83	牛明慧	女	2013.9	博士	物电
61	刘雍	男	2004.9	博士	物电	84	王敏敏	女	2013.9	博士	物电
62	陈福春	男	2005.9	博士	物电	85	赵云峰	男	2013.9	博士	物电
63	郭杰锋	男	2004.9	博士	电路	86	王誉都	男	2014.9	博士	电路
64	吴恒	男	2005.9	博士	电路	87	陆福星	男	2014.9	博士	电路
65	吴艳	女	2007.9	博士	电路	88	杨敏珠	女	2013.9	博士	电路
66	邢立坤	男	2007.9	硕士	光工	89	肖锡晟	男	2014.9	博士	物电
67	仇善昌	男	2005.7	硕士	光工	90	夏晖	女	2015.9	博士	物电
68	李晓平	女	2007.9	博士	物电	91	李凯	男	2015.9	博士	电路
69	沙晟春	男	2007.9	博士	物电	92	倪歆玥	男	2016.9	博士	物电

挥洒汗雨功而无我绘就蓝天云图，

倾注心血良师益友育成桃李芬芳。

--祝愿恩师陈桂林院士福寿康宁！

李永福 2022.9.29

陈老师好！虽然二十多年过去了，但您身体力行、
要谨求实的科研精神一直激励着我在求学和
创业之路上努力进取。感谢您的谆谆教导和包容
支持！衷心地祝福您身体健康、万事如意！
94'级研究生 李敏

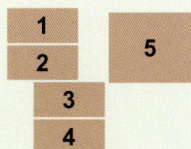

① 1989年6月,与1986级研究生李永福在上海技物所
　　共青楼合影

② 李永福赠言

③ 1997年,与1994级研究生李敦合影

④ 李敦赠言

⑤ 2001年9月,与1995级研究生孙胜利在树正瀑布合影

99.1.15. 硕士生了张斌试论文答辩。
主席：王建宇
成员：孙伟东。王庆德。方文甲。刘家书
李炳辉。

了张斌试论文报告

1. 语言表达熟练。流利。
但表达方式单一。图太少说得了
语言。用图、表、文字等结合使
有些了之处。

王建宇：①方案论证中如何把几种图进行
综合。

②如果市场此时。评价。给最好切了
从临标中抓出出来为。

③选择标准比此？标准？

④设计时用比特性此可。应有讨论
结果如此。

刘家书：用两个器言声比此可更介绍。

王建宇：论文摘要为主要讲述内容为介
介书认。内容较长。结果。

为国为家为民，风吹日晒雨淋

碧海蓝天白云，斗转星移，相伴一生风云！

学生：郭强

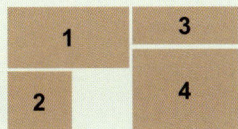

❶ 2000年，与1996级研究生吕俊杰合影

❷ 1999年，1996级研究生张斌论文答辩情况记录

❸ 1998级研究生郭强赠言

❹ 2001年，与郭强合影

亲爱的陈老师：

感谢您的谆谆教诲！

祝您身体健康，寿比南山，阖家幸福，桃李满天下！

学生黄茁青

2022年10月30日于美国阿肯色州

陈桂林老师八十一华诞贺词

离开祖国二十年矣。因新冠肆虐，不能归国探亲亦近三年整。忽一日，福香师弟告知：吾师华诞在即，可备贺词共贺否？欣诺。归坐提笔，思往日师从之情景，感时光之飞逝，千山之阻隔，泪渐沾襟。

感念陈桂林老师之师恩，在于耐心教导使学术科研方法之建立；在于宽厚良言使信心之坚固；亦在于作风为人使榜样之产生。

特作"诗"一首，遥祝吾师身体康泰，喜乐开怀！

深耕细作航天志，
科研育人几十春。
为国为学多勤谨，
和煦扁扁君子风。
吾辈思之常自励，
自强不息建功勋。

1999级硕，曲英丽敬贺

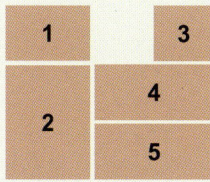

- ① 1998级研究生黄苗青赠言
- ② 1999级研究生曲英丽赠言
- ③ 2018年9月，与2002级研究生闻路红合影
- ④ 2018年4月，与2003级研究生陈福春合影
- ⑤ 陈福春赠言

感谢陈老师在工作上的言传身教，
学习上的谆谆善导，生活上的关怀备至。

祝愿老师福寿绵长，师徒再约廿五年！

学生 陈福春 敬上。
壬寅 孟冬

祝陈老师：
　　身体健康，开心如意，永葆青春。
　　也会时刻铭记您的教诲，严谨
认真的去做每一件事。

陈昀生

2022.10.30

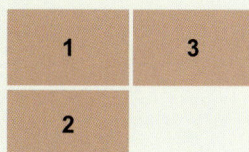

1 2005年5月，与2002级研究生范红合影

2 2002级研究生陈凡胜赠言

3 与2004级研究生安博文合影

博士学位论文答辩 SITP

2007年6月3日8:30-10:30

春秋报国，遥感奠基；
桃李春风，难忘师恩。

恭祝陈老师 福寿康宁、吉祥如意！

学生：林长青 （2002 硕博）

2022年10月28日

祝老师 健康长乐,幸福美满!
学生:王成良
2022.10.27

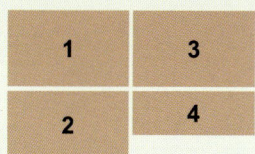

| 1 | 3 |
| 2 | 4 |

❶ 2007年6月,与2002级研究生林长青合影
❷ 林长青赠言
❸ 2007年6月,与2003级研究生王成良合影
❹ 王成良赠言

祝敬爱的所老师：

身体健康、万事如意、快乐永驻、桃李满天下！

——2002级曾桂英

博士学位论文答辩

抱朴守真

壬寅秋学生进思梁 祝恩师康健吉祥

① 与 2002 级研究生曾桂英合影
② 曾桂英赠言
③ 与 2003 级研究生游思梁合影
④ 游思梁赠言
⑤ 与 2003 级研究生陈博洋合影
⑥ 陈博洋赠言

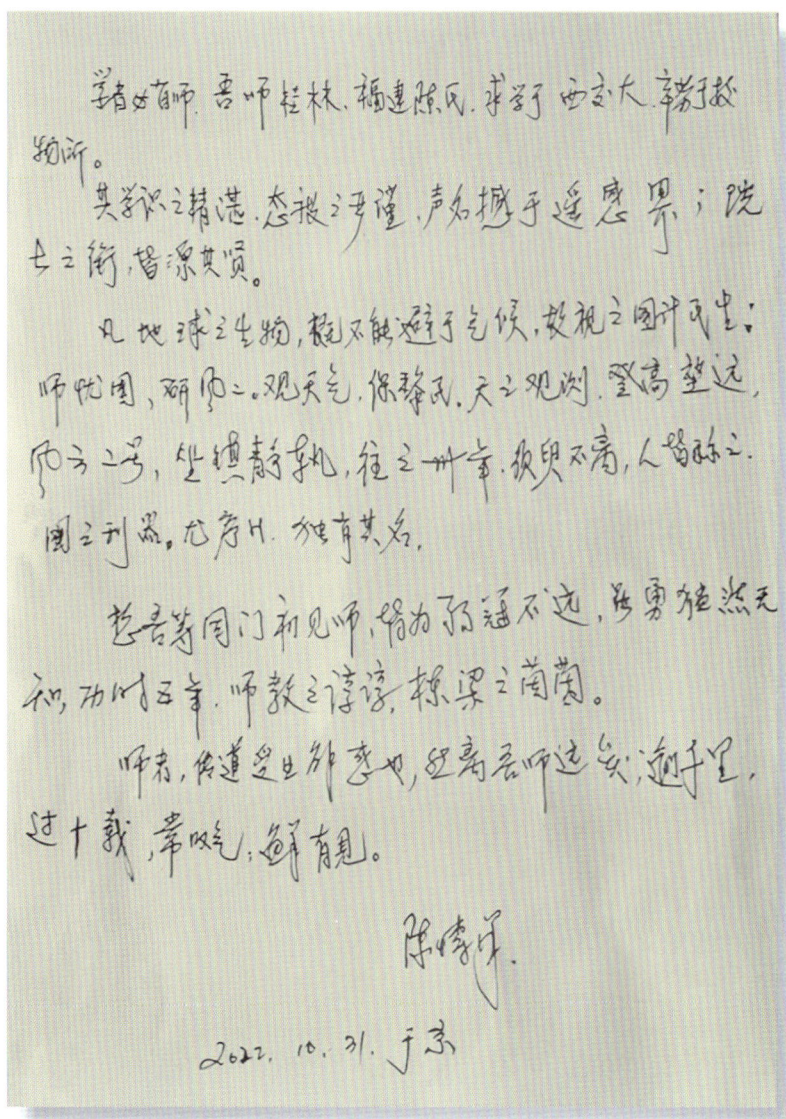

① 与2003级研究生俞建成合影

② 2007级研究生吴艳赠言

③ 2007级研究生沙晟春赠言

您谦虚低调之作风，严谨、自律、勤奋之工作治学态度永远是学生之榜样！有您这样学识渊博、和蔼可亲之导师是学生一生之荣幸！祝您万寿无疆重、福乐绵绵！

学生：吴艳

2022.10.27

祝陈老师

身体健康

工作顺利

福如东海

寿比南山

学生 沙晟春

贺陈院士寿

福寿康宁

江林逸敦上

祝陈院士

福寿康宁

天伦永享

学生杨澜敬书

1 2 3 4 5 学生赠言

阳光普照，园丁心坎春意浓。
甘雨滋润，桃李枝头蓓蕾红。
敬爱的陈院士，您的教诲如
春风，似润雨，永铭我心。虔
诚地祝福您安康，如意！

学生：李丽圆

砥志研思，艰苦卓绝，点亮风云之眼；
兢兢业业，诲人不倦，培育创新之才。
祝愿陈院士日月昌明，松鹤长春！

—— 李艳 乐旅波 苏悦

艰难困苦，玉汝于成。您不畏艰苦，勇于
开拓创新，一心为国奉献的精神，激励着一代
又一代的年轻学子砥砺前行。
恭祝陈院士生日！

学生：刘云飞
2022年10月8日

第七章

硕果结满枝

陈桂林获国家科技进步奖一等奖、三等奖各1项以及其他省部级科技成果奖多项；获上海市五一劳动奖章、全国先进工作者等荣誉称号。他坚信：高技术是买不到的，只有自力更生、自主开发核心技术，不早点起步，就永远没有成功的可能；尝试过了、失败过了，才有成功的可能。

FY-2A 第一幅可见光图像 1997.7.21 FIRST VIS. IMAGE OF FY-2A 1997.07.21

FY-2B 第一幅可见光图像 2000.7.6 FIRST VIS. IMAGE OF FY-2B 2000.07.06

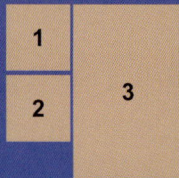

① 风云二号A星第一幅可见光图像
② 风云二号B星第一幅可见光图像
③ 风云二号C星第一套图像

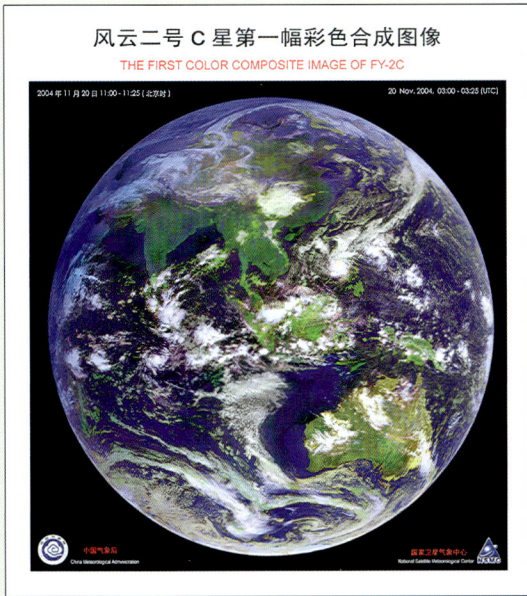

风云二号 C 星第一幅彩色合成图像
THE FIRST COLOR COMPOSITE IMAGE OF FY-2C

FY-2C V 可见光图像

2004.11.20

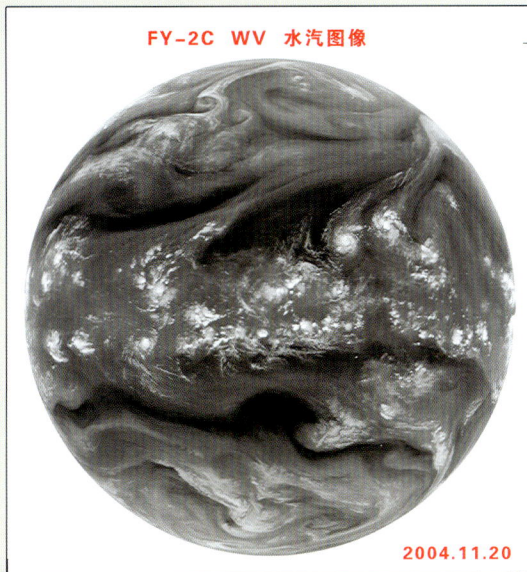

FY-2C WV 水汽图像

2004.11.20

FY-2C IR1 热红外分裂窗图像

2004.11.20

FY-2C IR2 热红外分裂窗图像

2004.11.20

FY-2C IR3 中红外图像

2004.11.20

风云二号D星第一幅彩色合成图像
FIRST COLOR MOSAIC IMAGE OF FY-2D

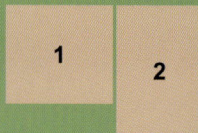

1 风云二号D星第一幅彩色合成图像

2 风云二号D星第一套图像

风云二号 D 星第一套图像
THE FIRST IMAGES OF FY-2D SATELLITE

FY-2D 可见光图像 (0.55-0.90μm)

VIS

2007 年 1 月 12 日 14:00 （北京时）
January 12, 2007 06:00(UTC)

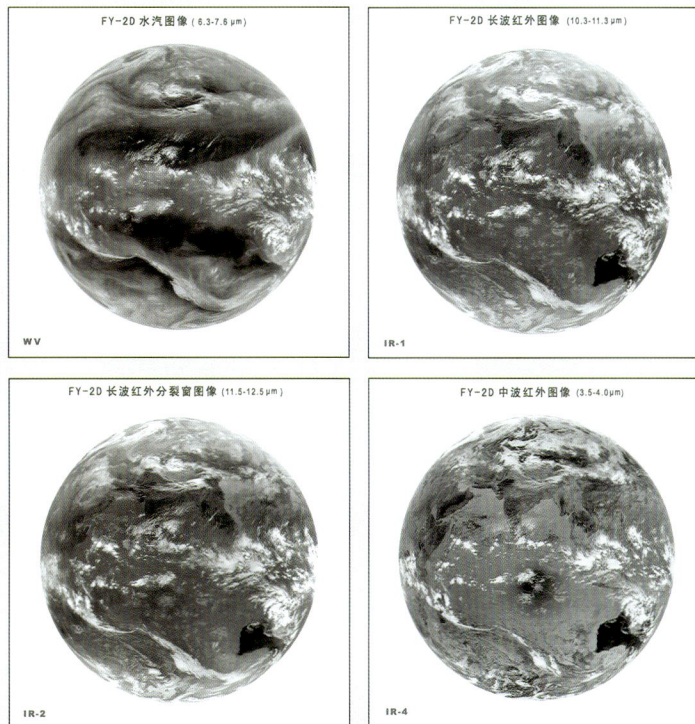

FY-2D 水汽图像 (6.3-7.6μm)

WV

FY-2D 长波红外图像 (10.3-11.3μm)

IR-1

FY-2D 长波红外分裂窗图像 (11.5-12.5μm)

IR-2

FY-2D 中波红外图像 (3.5-4.0μm)

IR-4

中国气象局
China Meteorological Administration
国家卫星气象中心制作
National Satellite Meteorological Center

风云二号 E 星第一幅彩色合成图像

THE FIRST COLOR COMPOSITE IMAGE OF FY-2E

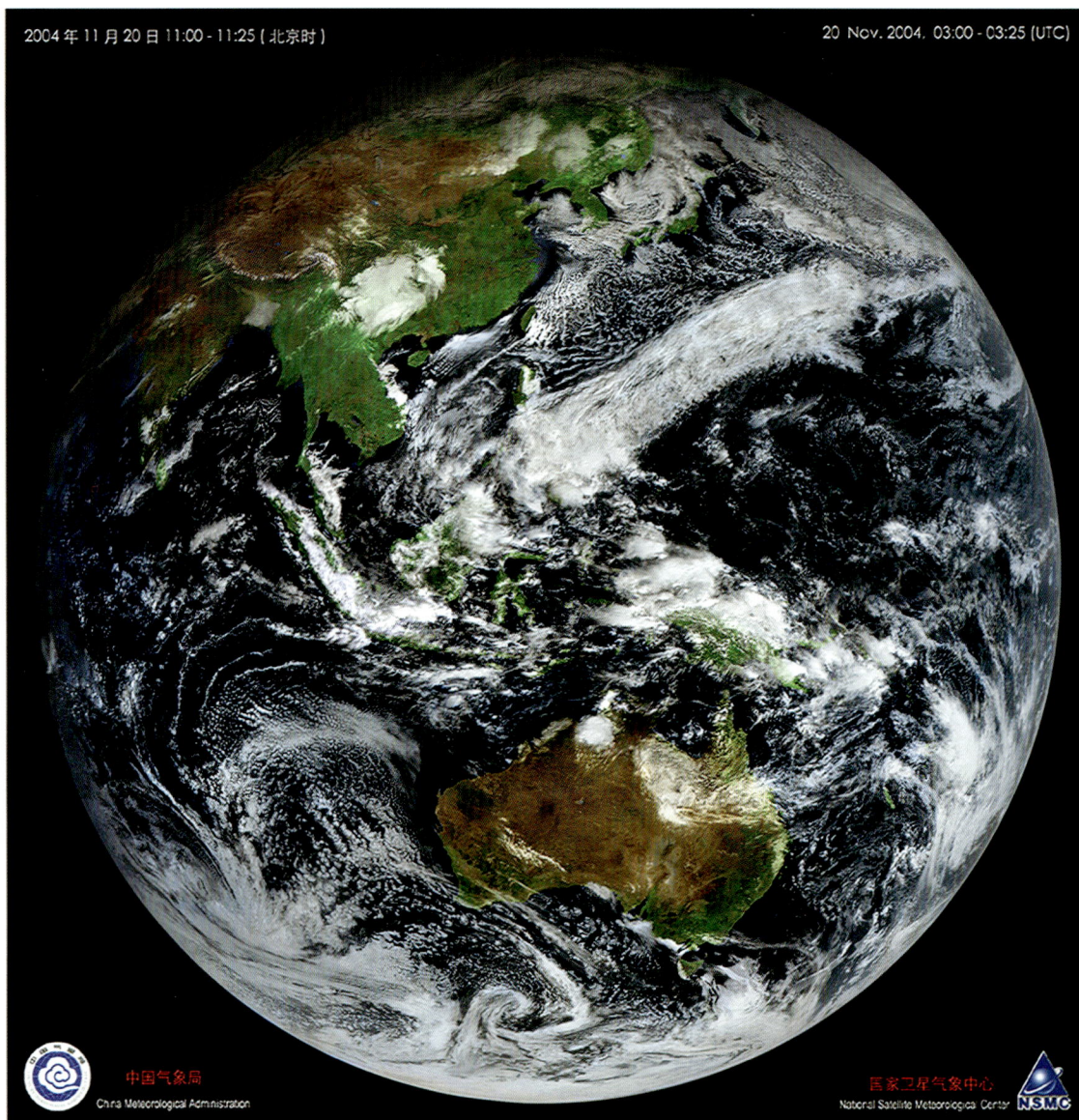

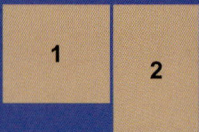

2004 年 11 月 20 日 11:00 - 11:25 (北京时)　　　　20 Nov. 2004. 03:00 - 03:25 (UTC)

中国气象局　China Meteorological Administration

国家卫星气象中心　National Satellite Meteorological Center　NSMC

1 风云二号 E 星第一幅彩色合成图像

2 风云二号 E 星第一套图像

风云二号E星第一幅可见光图像
THE FIRST VIS. IMAGE OF FY-2E
2008年12月30日 11:30(北京时)
30 Dec. 2008 03:30(UTC)

风云二号E星第一幅红外、水汽通道图像

The First Infrared (IR) & Water Vapor (WV) Channel Images of FY-2E

2009年1月14日 09:58（北京时）   14 Jan. 2009 01:58(UTC)

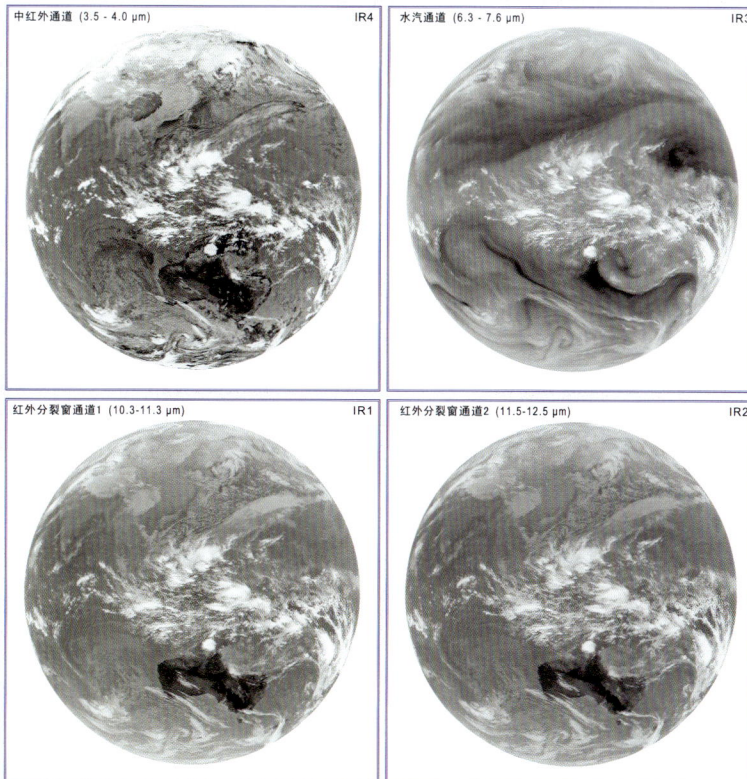

中红外通道 (3.5 - 4.0 μm) IR4
水汽通道 (6.3 - 7.6 μm) IR3
红外分裂窗通道1 (10.3-11.3 μm) IR1
红外分裂窗通道2 (11.5-12.5 μm) IR2

中国气象局 China Meteorological Administration
国家卫星气象中心 National Satellite Meteorological Center

风云二号F星第一幅彩色合成图像
THE FIRST COLOR COMPOSITE IMAGE OF FY-2F

2012年2月6日 12:00（北京时）　　6 Febrary. 2012　04:00（UTC）

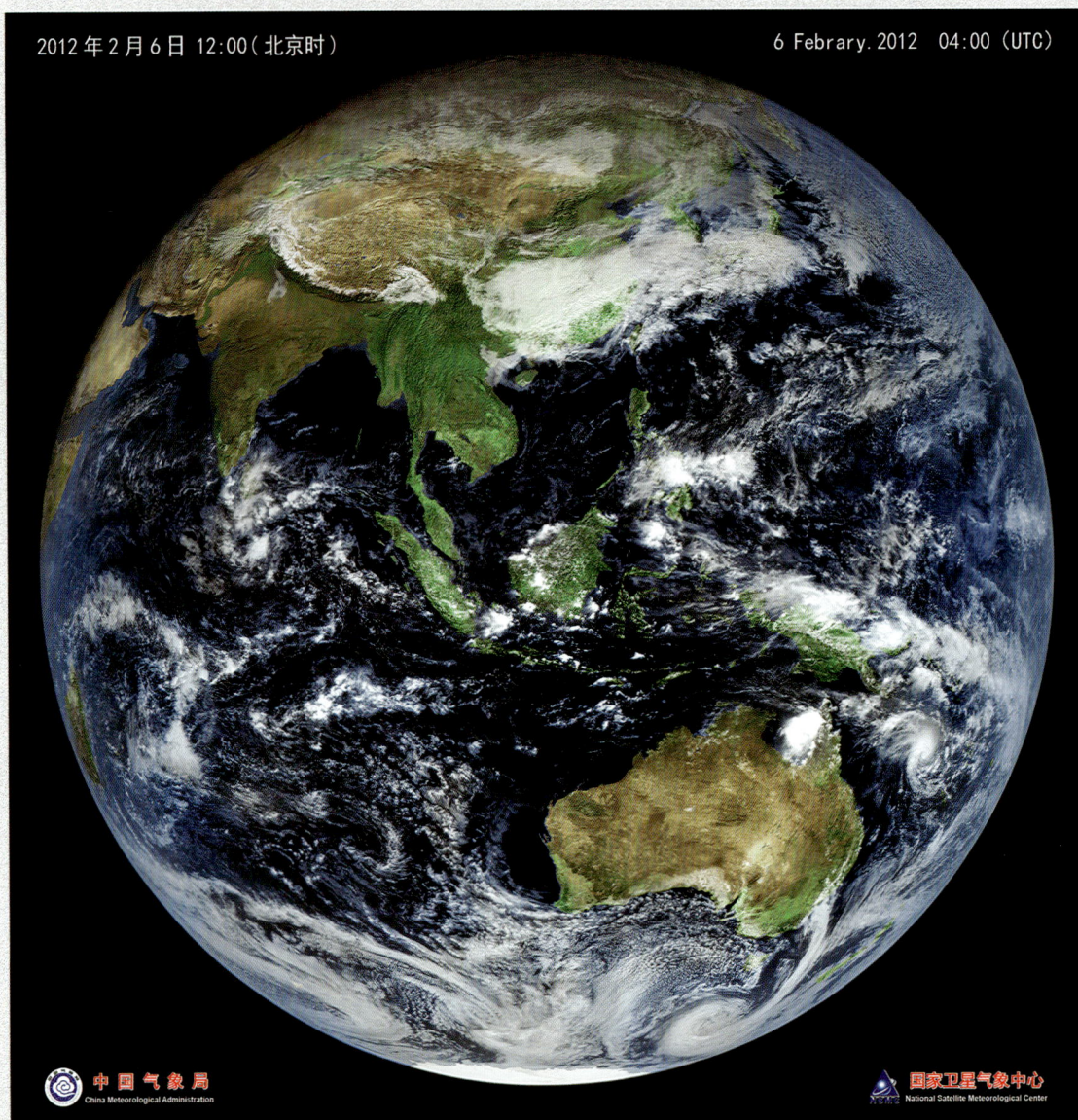

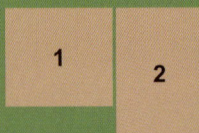

中国气象局　China Meteorological Administration　　国家卫星气象中心　National Satellite Meteorological Center

1　风云二号F星第一幅彩色合成图像
2　风云二号F星第一套图像

风云二号F星第一套图像
THE FIRST IMAGES OF FY-2F SATELLITE

FY-2F 可见光图像（0.55-0.75μm）

VIS

2012年2月6日 12:00（北京时）
February 6,2012 4:00（UTC）

FY-2F 水汽图像（6.3-7.6μm）

WV

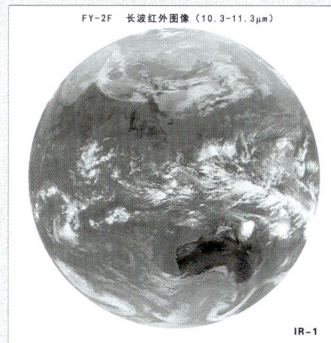

FY-2F 长波红外图像（10.3-11.3μm）

IR-1

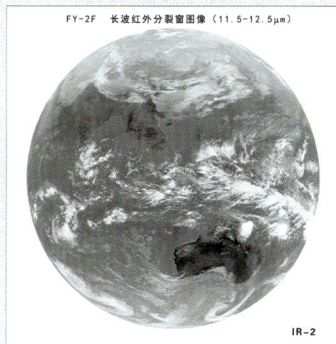

FY-2F 长波红外分裂窗图像（11.5-12.5μm）

IR-2

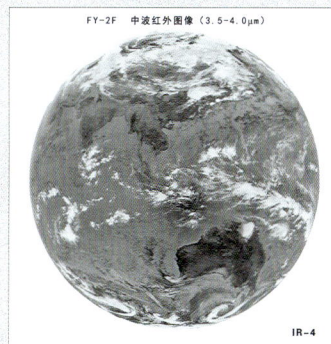

FY-2F 中波红外图像（3.5-4.0μm）

IR-4

中国气象局
China Meteorological Administration
国家卫星气象中心制作
National Satellite Meteorological Center

风云二号G星第一幅彩色合成图像

THE FIRST COLOR COMPOSITE IMAGE OF FY-2G

2015年1月8日13:00(北京时)

8 January 2015 05:00 (UTC)

中国气象局
China Meteorological Administration

国家卫星气象中心
National Satellite Meteorological Center

① 风云二号G星第一幅彩色合成图像
② 风云二号G星第一套图像

风云二号G星第一套图像
THE FIRST IMAGES OF FY-2G SATELLITE

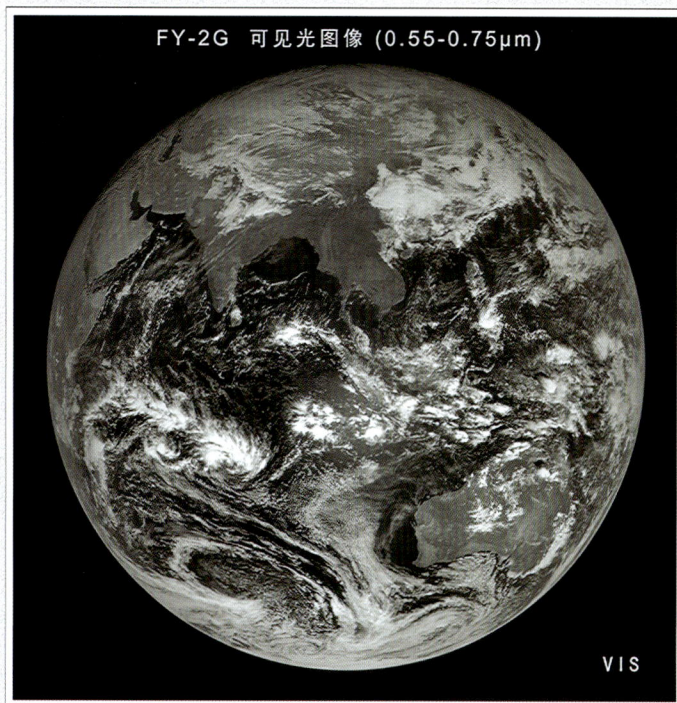

FY-2G　可见光图像 (0.55-0.75μm)

VIS

2015年1月26日 13：00（北京时）
January 26,2015 5:00 （UTC）

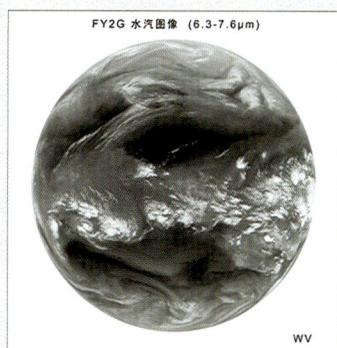

FY2G 水汽图像 (6.3-7.6μm)

WV

FY2G 长波红外图像 (10.3-11.3μm)

IR-1

FY2G 长波红外分裂窗图像 (11.5-12.5μm)

IR-2

FY2G 中波红外图像 (3.5-4.0μm)

IR-4

中国气象局
China Meteorological Administration
国家卫星气象中心制作
National Satellite Meteorological Center

风云二号H星彩色合成图

FY-2H Coloured Composite Image , 04:00 UTC, 10 October 2018

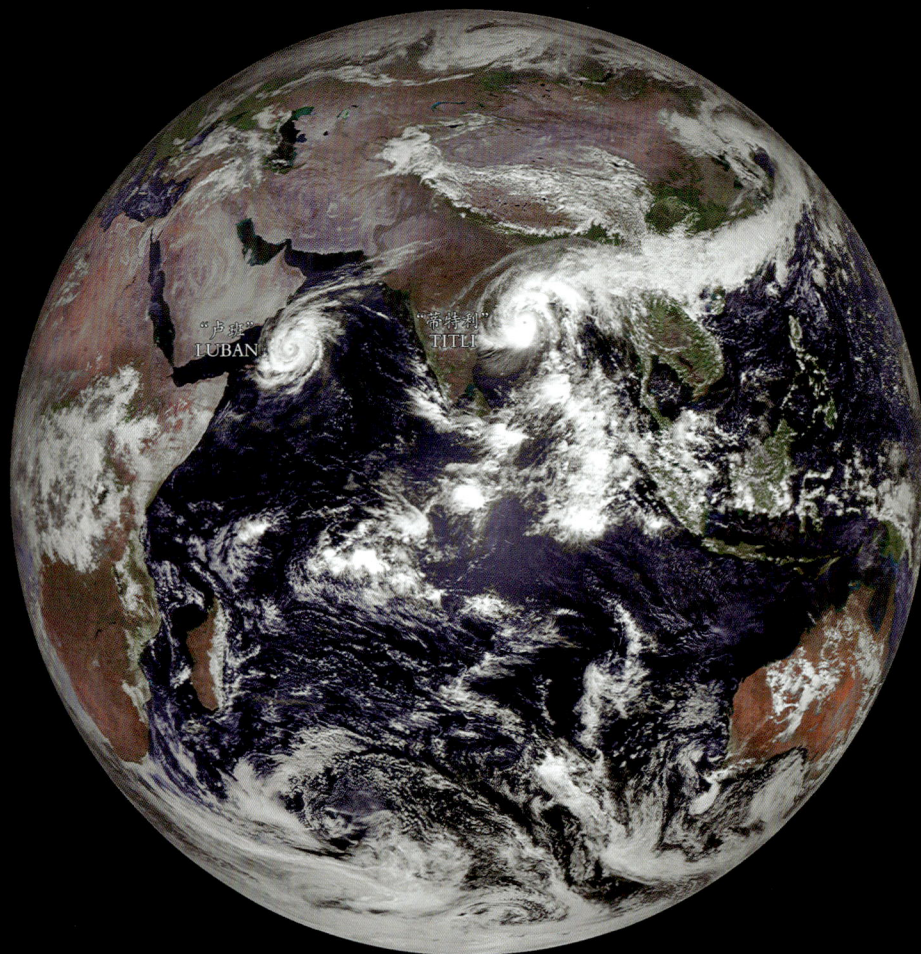

"卢班"
LUBAN

"帝塔利"
TITLI

中国气象局赠
China Meteorological Administration

国家卫星气象中心制作
NSMC National Satellite Meteorological Center

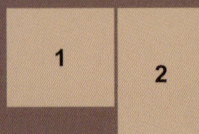

① 风云二号H星第一幅彩色合成图像
② 风云二号H星第一套图像

风云二号 H 星第一套图像

THE FIRST IMAGES OF FY–2H SATELLITE

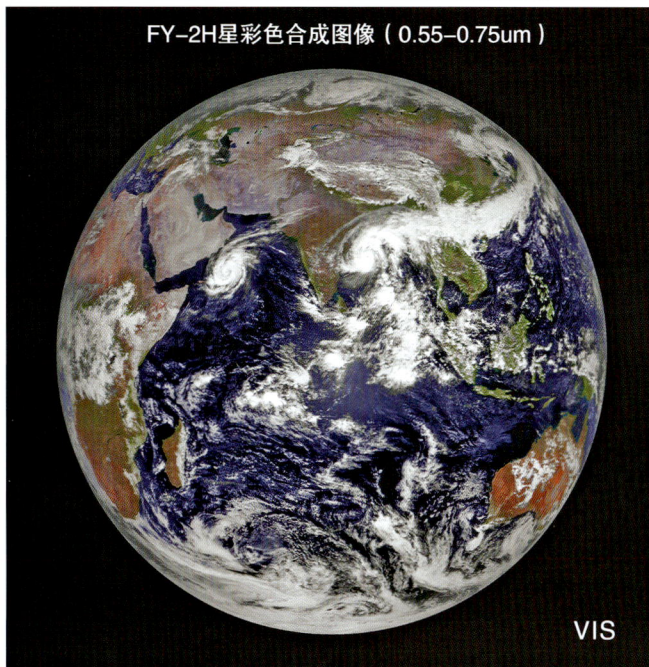

FY-2H星彩色合成图像（0.55–0.75um）

VIS

SITP

中国科学院上海技术物理研究所　制

2018年10月10日 14:00（北京时）

October 10, 2018 6:00（UTC）

FY-2H星水汽图像（6.3–7.6um）

WV

FY-2H星长波红外图像（10.3–11.3um）

IR–1

FY-2H星长波红外分裂窗图像（11.5–12.5um）

IR–2

FY-2H星中波红外图像（3.5–4.0um）

IR–3

中国气象局
China Meteorological Administration
国家卫星气象中心提供
National Satellite Meteorological Center

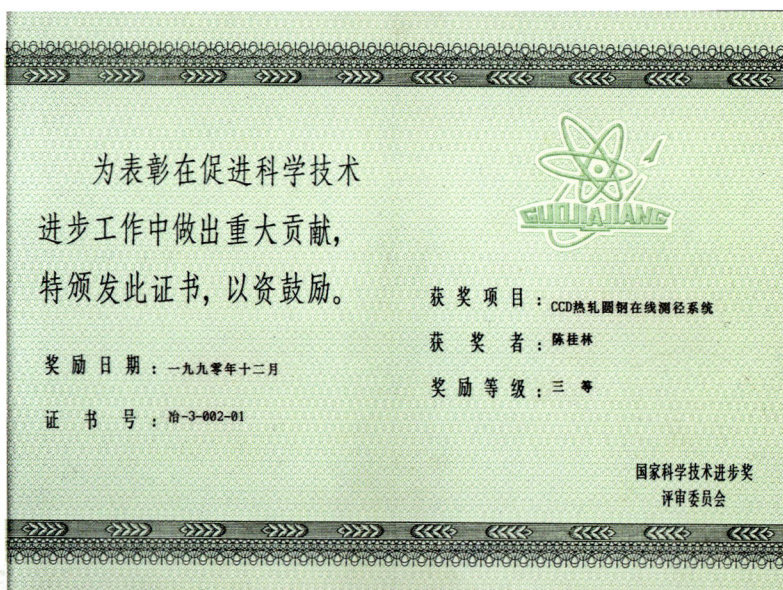

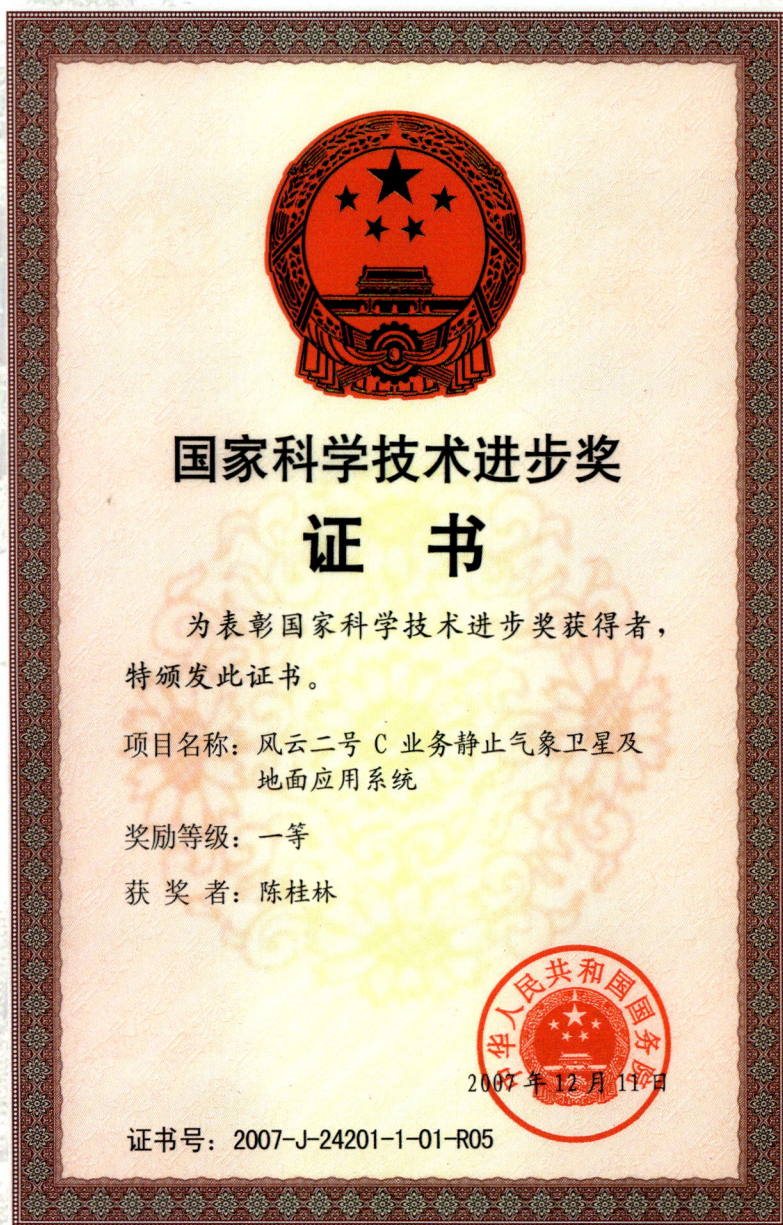

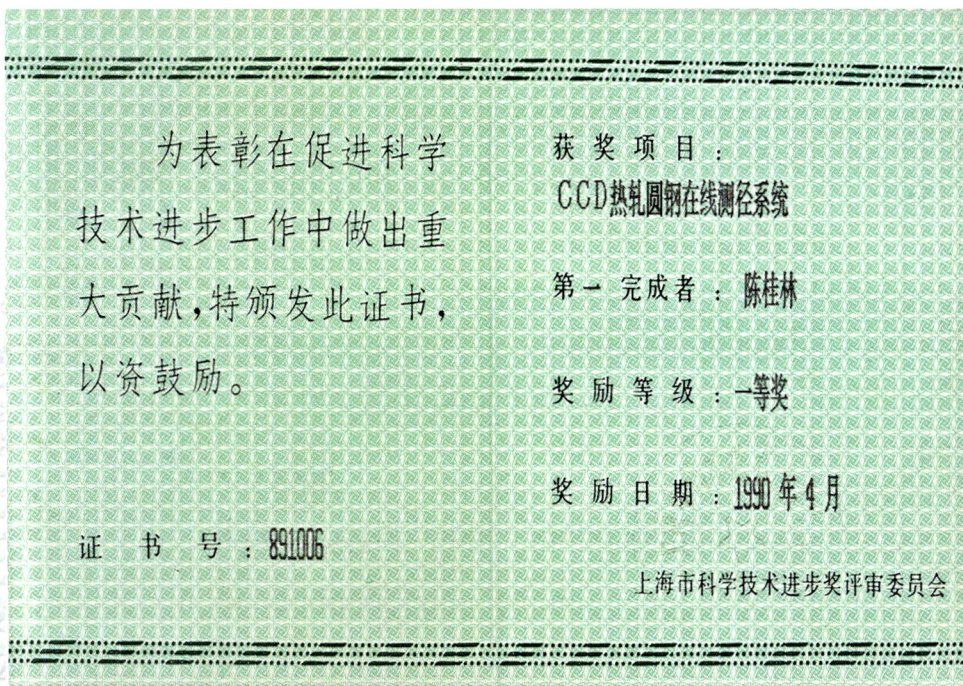

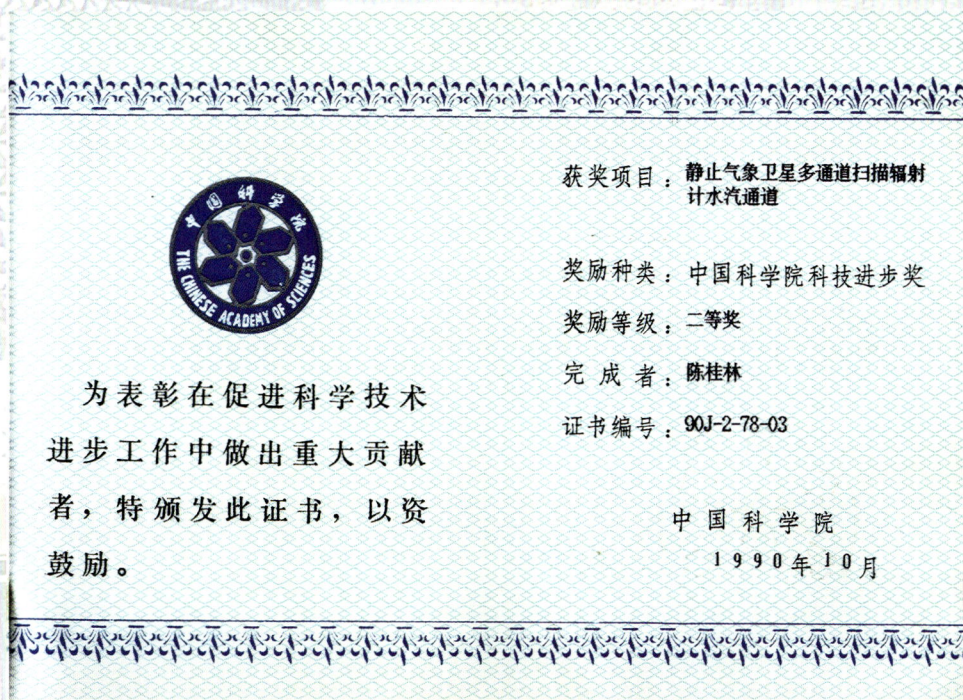

为表彰在促进科学技术进步工作中做出重大贡献，特颁发此证书，以资鼓励。

证 书 号：891006

获奖项目：

CCD热轧圆钢在线测径系统

第 一 完成者：陈桂林

奖 励 等 级：一等奖

奖 励 日 期：1990年4月

上海市科学技术进步奖评审委员会

为表彰在促进科学技术进步工作中做出重大贡献者，特颁发此证书，以资鼓励。

获奖项目：静止气象卫星多通道扫描辐射计水汽通道

奖励种类：中国科学院科技进步奖

奖励等级：二等奖

完成者：陈桂林

证书编号：90J-2-78-03

中国科学院

1990年10月

1	3
	4
2	

❶ 1990年12月，获国家科学技术进步奖三等奖证书

❷ 2007年12月，获国家科学技术进步奖一等奖证书

❸ 1990年4月，获上海市科学技术进步奖一等奖证书

❹ 1990年10月，获中国科学院科技进步奖二等奖证书

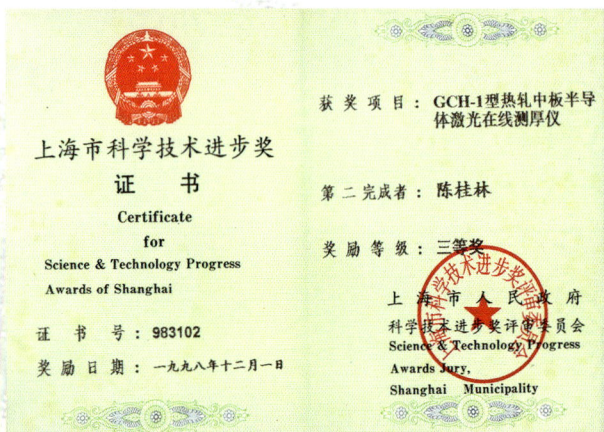

获奖项目: 热轧带钢在线光电自动目标识别测宽仪

奖励种类: 中国科学院科技进步奖

奖励等级: 三等奖

完成者: 陈桂林

证书编号: 95J-3-053-03

为表彰在促进科学技术进步工作中做出重大贡献者, 特颁发此证书, 以资鼓励。

中国科学院
1995 年 10 月

中国科学院科技进步奖

获奖项目: 风云二号地球同步气象卫星多通道扫描辐射计

奖励等级: 特等奖

完成者: 陈桂林

证书编号: 98J-0-003-1

为表彰在促进科学技术进步工作中做出重大贡献者, 特颁发此证书, 以资鼓励。

中国科学院
1998 年 12 月

上海市科学技术进步奖

证 书

Certificate
for
Science & Technology Progress
Awards of Shanghai

证书号: 983102

奖励日期: 一九九八年十二月一日

获奖项目: GCH-1型热轧中板半导体激光在线测厚仪

第二完成者: 陈桂林

奖励等级: 三等奖

上海市人民政府
科学技术进步奖评审委员会
Science & Technology Progress
Awards Jury,
Shanghai Municipality

上海市科学技术进步奖

证 书

Certificate
for
Science & Technology Progress
Awards of Shanghai

证书号: 991007

奖励日期: 一九九九年十一月二日

获奖项目: 空间遥感探测仪器红外辐射定标系统

第四完成者: 陈桂林

奖励等级: 一等奖

上海市人民政府
科学技术进步奖评审委员会
Science & Technology Progress
Awards Jury,
Shanghai Municipality

1	2	5
3	4	6
		7

❶ 1995 年 10 月, 获中国科学院科技进步奖三等奖证书

❷ 1998 年 12 月, 获中国科学院科技进步奖特等奖证书

❸ 1998 年 12 月, 获上海市科学技术进步奖三等奖证书

❹ 1999 年 11 月, 获上海市科学技术进步奖一等奖证书

❺ 1999 年 11 月, 获上海市科学技术进步奖三等奖证书

❻ 2006 年 11 月, 获上海市科学技术进步奖一等奖证书

❼ 2006 年 12 月, 获国防科学技术奖一等奖证书

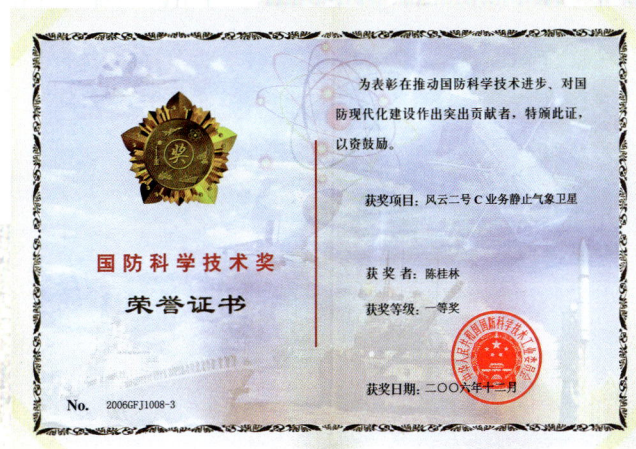

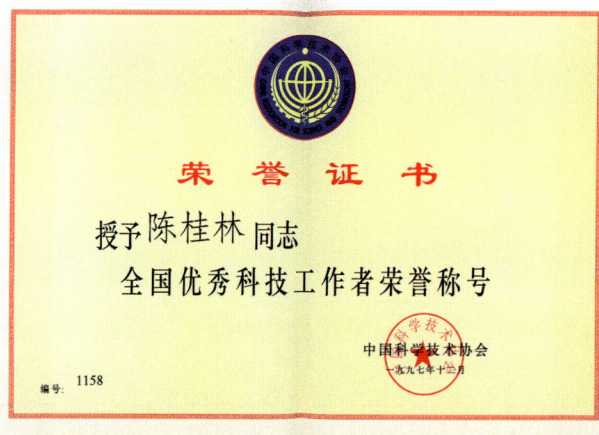

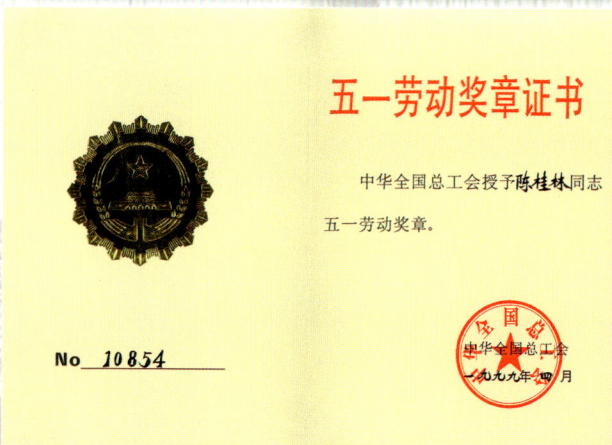

国务院决定

授予 **陈桂林**

全国先进工作者

称号

第　0298　号

中华人民共和国国务院

二〇〇〇年四月

荣誉证书

兹授予　陈桂林　"杰出贡献教师"荣誉称号，

特颁此证，以示表彰。

中国科学院研究生院

二〇〇八年五月十日

庆祝中华人民共和国
成立70周年纪念章

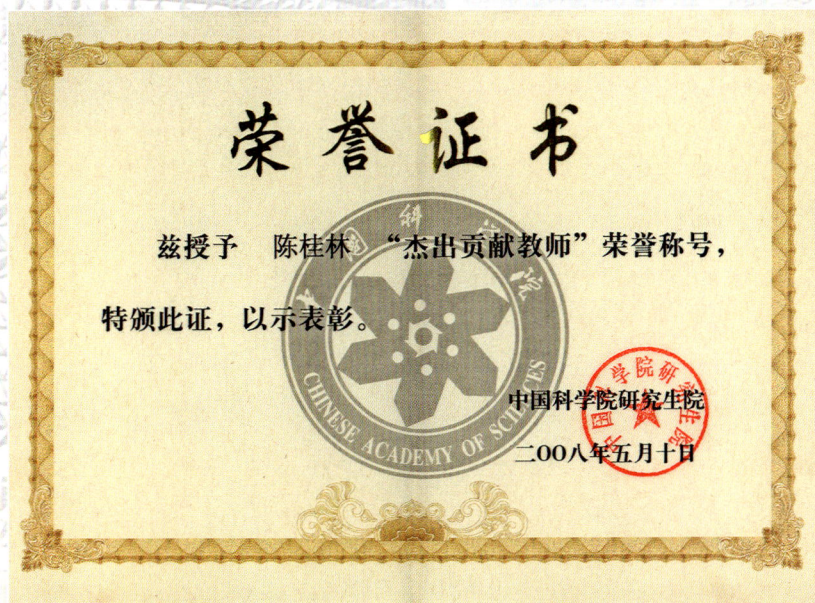

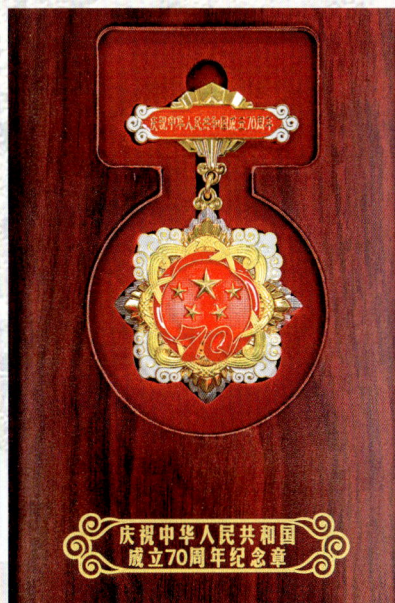

1	2	9	10
3	4	11	12
5	6		
7	8		

❶ ❷ 1997年12月,被授予全国优秀科技工作者荣誉称号

❸ ❹ 1998年1月,被授予中国科学院"双文明建设标兵"荣誉称号

❺ ❻ 1998年4月,被授予1997年度上海市劳动模范称号

❼ ❽ 1999年4月,被授予五一劳动奖章

❾ ❿ 2000年4月,被授予全国先进工作者称号的证书及奖章

⓫ 2008年5月,被授予中国科学院"杰出贡献教师"荣誉称号

⓬ 2019年10月,获"庆祝中华人民共和国成立70周年"纪念章

密级：内部
阶段：Z

**风云二号（02）星可见光云图
受杂散光影响问题技术归零报告**

编写：陈桂林 99.01.25
校对：龚志宪 99.01.25
审核：詹丽珊 99.01.25
批准：徐勤时 99.01.26

中国科学院上海技术物理研究所
一九九九年一月

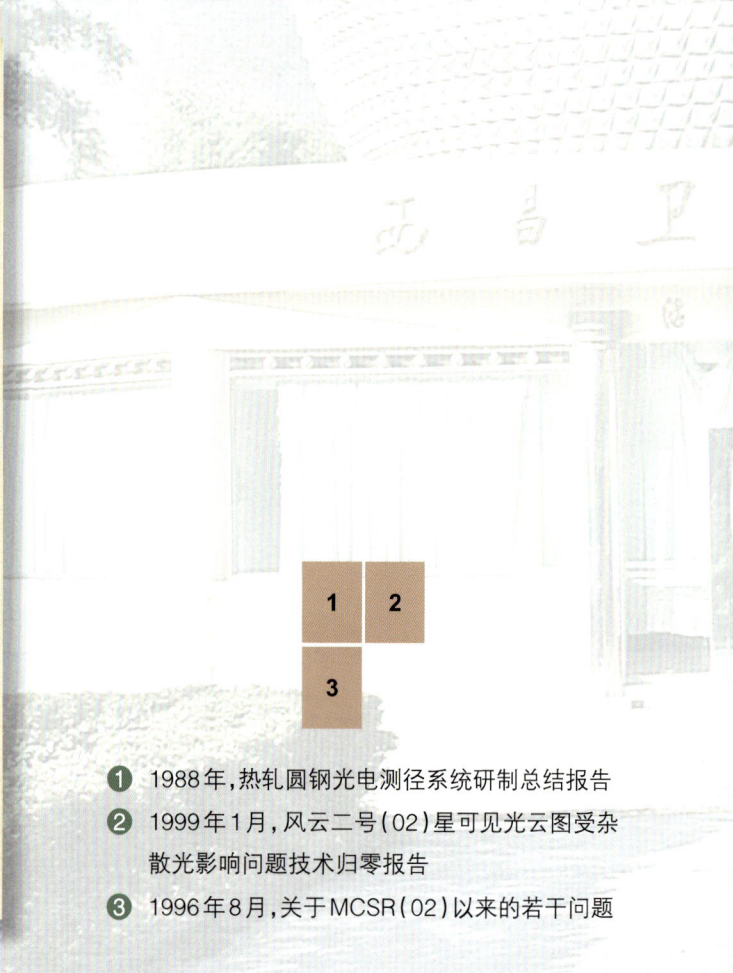

① 1988年，热轧圆钢光电测径系统研制总结报告
② 1999年1月，风云二号（02）星可见光云图受杂散光影响问题技术归零报告
③ 1996年8月，关于MCSR（02）以来的若干问题

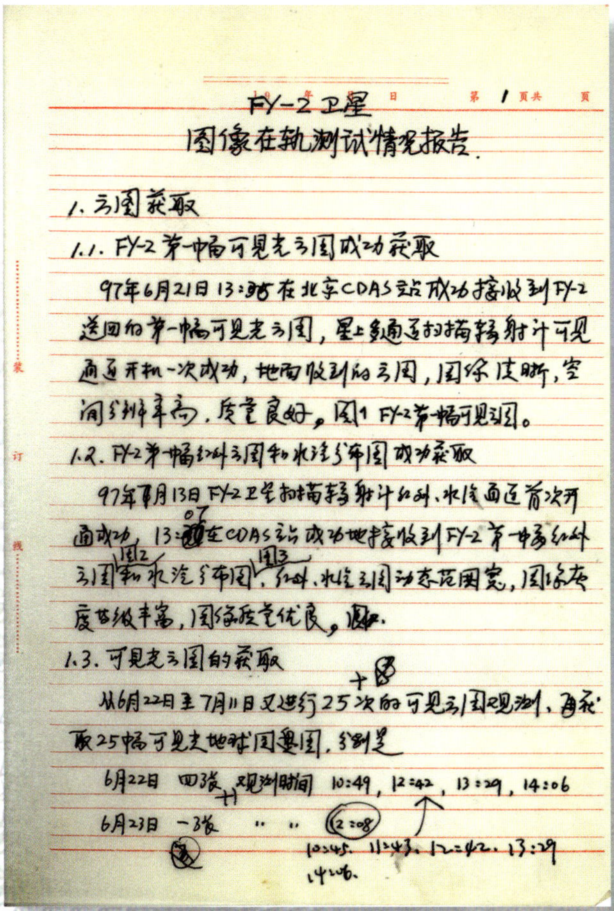

FY-2卫星

图像在轨测试情况报告

1. 云图获取

1.1. FY-2第一幅可见光云图成功获取

97年6月21日13:36在北京CDAS站成功接收到FY-2送回的第一幅可见光云图，星上多通道扫描辐射计可见通道开机一次成功，地面收到的云图，图像清晰，空间分辨率高，质量良好。图1 FY-2第一幅可见光云图。

1.2. FY-2第一幅红外云图和水汽分布图成功获取

97年7月13日FY-2卫星扫描辐射计红外、水汽通道首次开通成功，13:07在CDAS站成功地接收到FY-2第一幅红外云图（图2）和水汽分布图（图3），红外、水汽云图动态范围宽，图像层次丰富，图像质量优良。

1.3. 可见光云图的获取

从6月22日至7月11日又进行25次的可见光云图观测，再获取25幅可见光地球圆盘图，分别是

6月22日 四张 观测时间 10:49, 12:42, 13:29, 14:06

6月23日 一张 " " 12:08

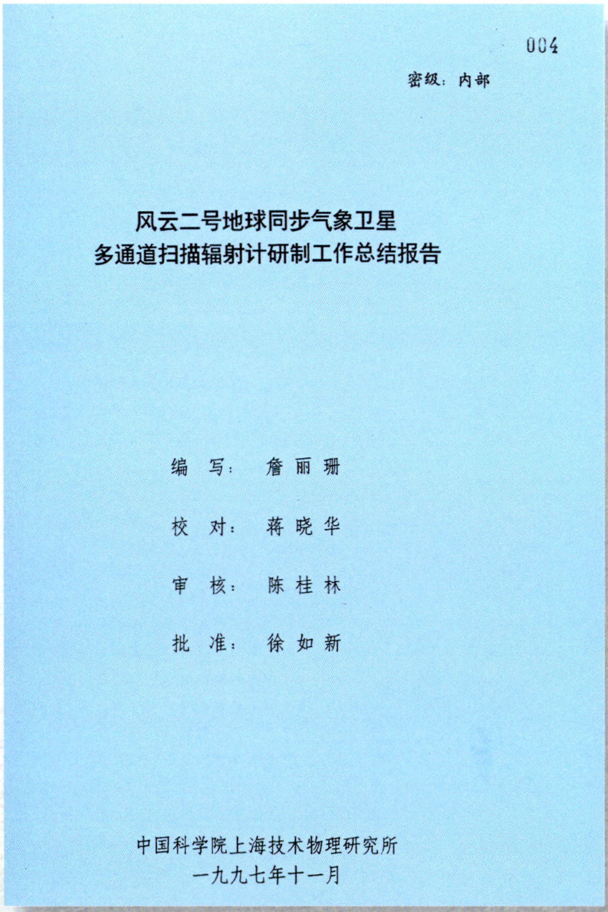

004

密级：内部

风云二号地球同步气象卫星

多通道扫描辐射计研制工作总结报告

编 写：詹丽珊

校 对：蒋晓华

审 核：陈桂林

批 准：徐如新

中国科学院上海技术物理研究所

一九九七年十一月

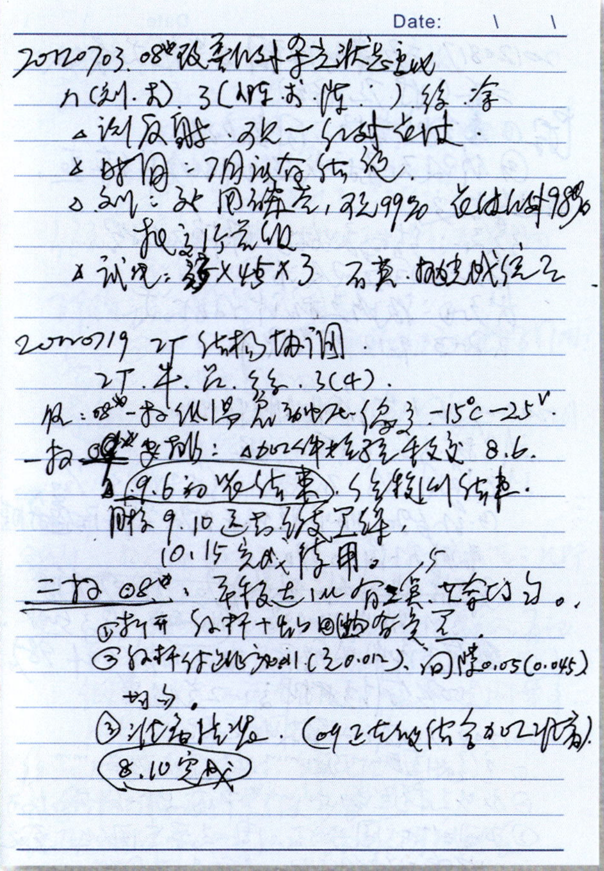

❶ 1997年8月，风云二号卫星图像在轨测试情况报告

❷ 1997年11月，风云二号地球同步气象卫星多通道扫描辐射计研制工作总结报告

❸ 2012年工作记录

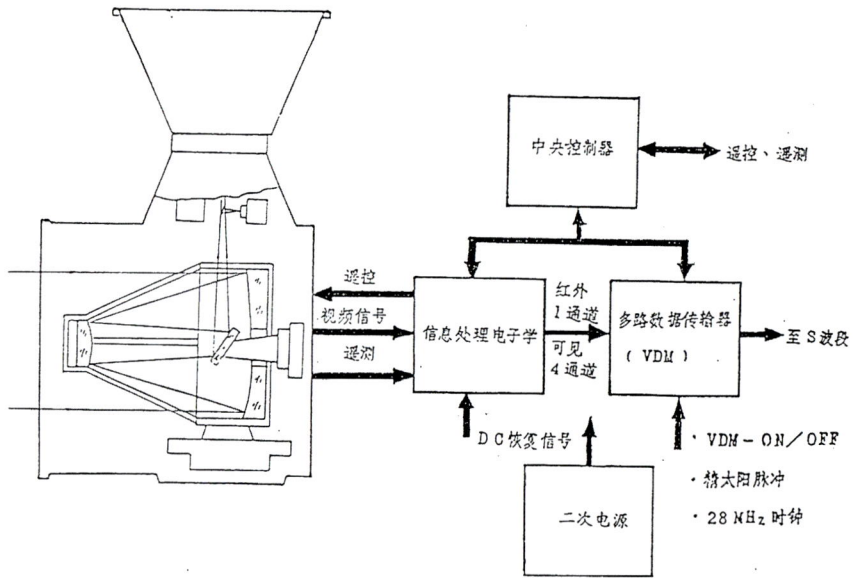

图 一　多通道扫描辐射计（MCSR）结构框图

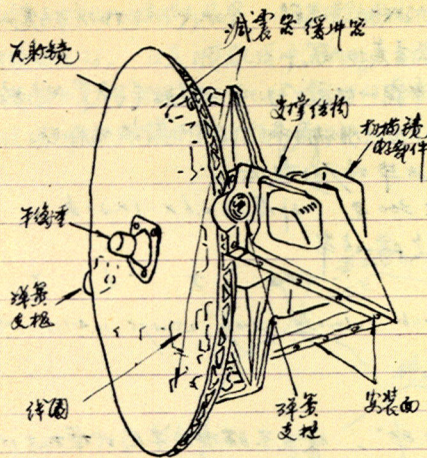

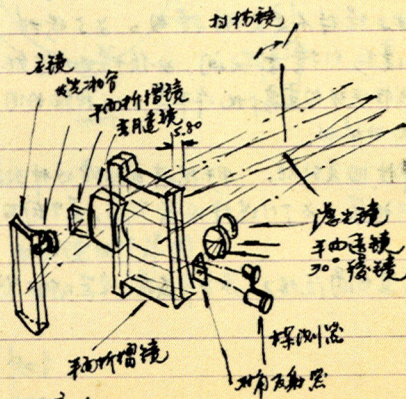

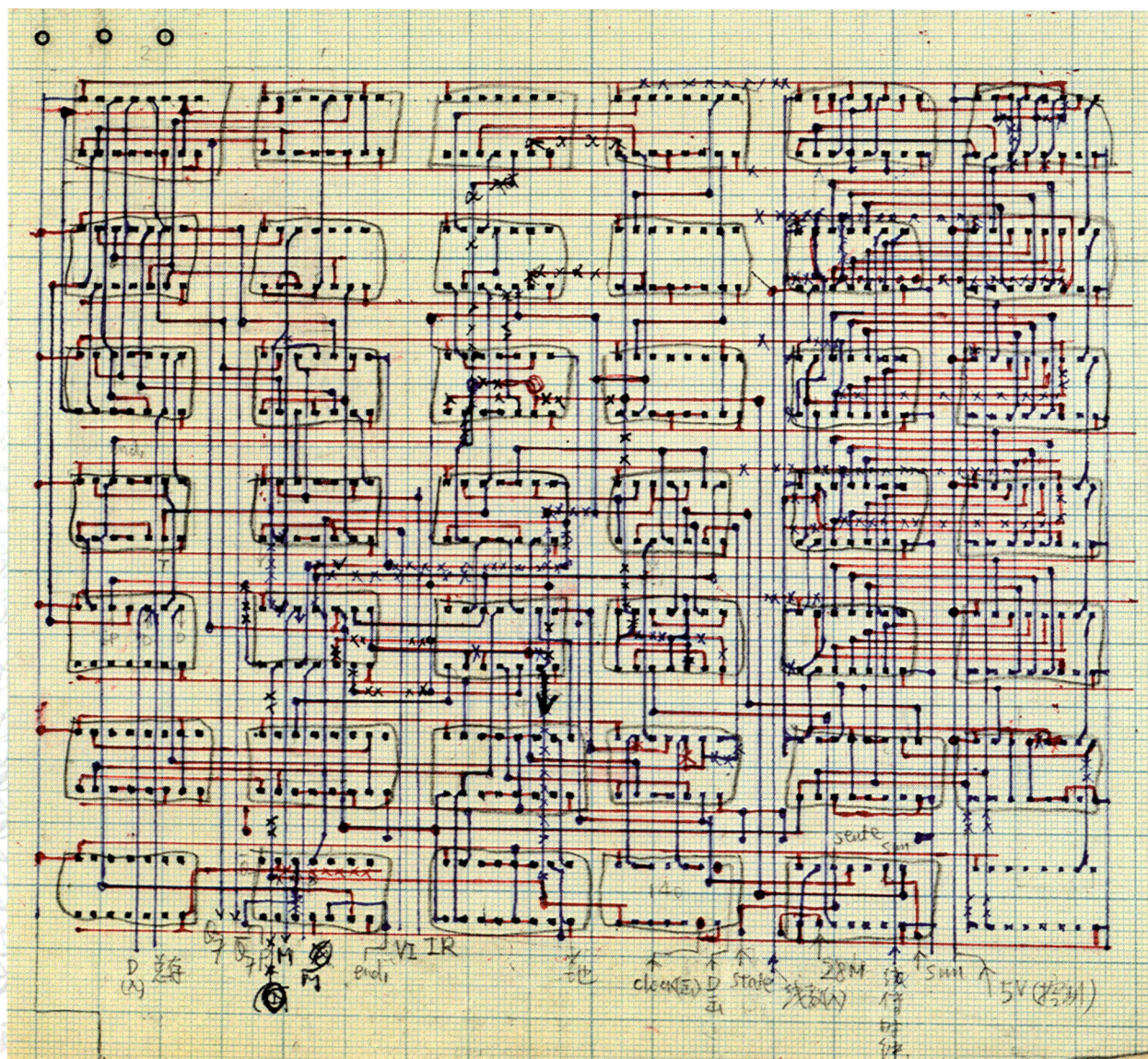

❶ 多通道扫描辐射计结构框图

❷ 设计构思

❸ 多路数据转换器电路板设计图

中国科学院上海技术物理研究所实验记录纸

（第一本）78-098603

中国科学院上海技术物理研究所实验记录纸

№ 018501

中国科学院上海技术物理研究所实验记录纸

№ 020701

时间	温度	湿度	备注	时间	温度	湿度	备注
18:00	21.8	28.6		14:15	23.6	18.7	
19:00	25.7	26.0		14:55	23.4	22.7	
20:00	25.0	25.5		15:15	21.4	22	
01:00	23.5	20.5					
01:30	21.6	24.7	三楼				
02:00	23.1	24.3		18:30	22.1	12.6%	
23:00	25.2	25.8		21:00	22.5	11.3%	
0:50	26.3	24.3		21:10	17.1	8.1%	
0:50	26.4	24.6		21:15	20.8	8.2%	
2:00	27.1	25.1					
3:17	27.6	25.5					
4:03	27.5	25.9					
4:55	26.6	25.3					
5:50	07	23.					
6:50	26.7	24.6					
7:50	25.8	24.0					
8:45	21.0	24.1					
9:10	22.6	22.4					
9:40	22.1	23					
10:00	23.4	22.8					
10:10	24.5	20.3					
11:00	22.5	22.3					
12:30	21.6	22.3					
14:40	24.1	18.1					

中国科学院上海技术物理研究所实验记录纸

93 № 022301

目录

1 科研手稿

2 3 学习笔记

Mirror Face   Splitter Sheet
.020" Web Wall
Machined pocket   Braze Fillet

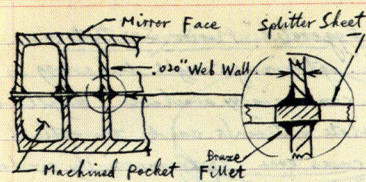

Fig. 5. Light weight Machined Mirror Substrate Concept

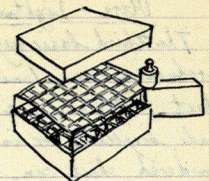

Fig 6. Thin Wall Machined Details with "Splitter Plate"

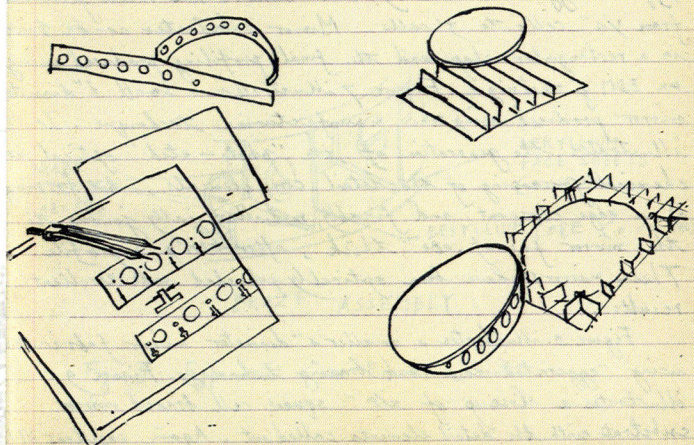

Fig. 7. Six-inch Diameter Mirror Substrate Fabrication Sequence

第八章

理想的生活

陈桂林从事科研工作几十年，几乎从未停歇过，即使出差，也是抓紧时间，完成任务后尽快回到研究所。别人打趣陈桂林，说他有点像他的福建老乡陈景润——"简单、纯粹"；直面这种大工程，必然有一种忘我的状态，陈桂林不倦不懈，从未有过一丝怨悔的念头。除了科研工作，陈桂林始终关注国家时事、科研发展、家乡建设、学生成长……

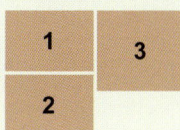

1 在图书馆查阅参考文献
2 在办公室学习
3 打保龄球

1	4
2	
3	5

❶ ❷ ❸ 西昌基地留影

❹ 1998年3月，游览陆家嘴

❺ 1999年，游览东方明珠

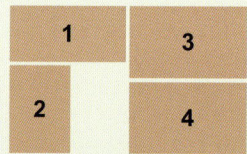

❶ ❷ 2000年11月,于外滩留影
❸ 于四川九寨沟留影
❹ 于四川黄龙留影

2009

① 2009年1月，于北京奥运场馆前留影

② 20世纪80年代初的集体宿舍生活

③ 20世纪80年代，参加课题组活动

④ ⑤ 1998年3月，与课题组游览东方明珠、外滩等地

2004 11 1

1	
2	**3**

❶ 2004年11月，与课题组参观北京长城

❷ 2005年夏，与课题组于西昌土林留影

❸ 2007年9月，与气象中心同志留影

1	3
2	4

❶ 2008年10月，上海技物所建所50周年部门合影
❷ 2022年10月，国家技术发明奖答辩现场
❸ 20世纪90年代，在上海技物所参加支部学习
❹ 20世纪90年代，在西昌基地参加支部活动

1	3
2	4

❶ 2005年7月4日，参加先进性教育活动

❷ 2005年7月27日，在"上海技物所共产党员先进事迹报告会"上做报告

❸ ❹ 2007年11月10日，参加支部活动参观洋山深水港

2007/11/10

2007/11/10

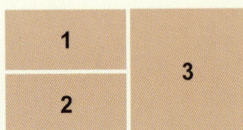

1 2 2008年12月12日,参观彝海结盟纪念馆

3 与孙辈在上海技物所合影

陈桂林先生活动年表

1941年

12月17日，出生于福建省南安县。

1950年

9月，就读于福建省南安县五都小学。

1955年

6月，小学毕业。

9月，就读于福建省南安县私立国光中学。

1956年

12月，在福建省南安国光中学加入中国新民主主义青年团（现为中国共产主义青年团）。

1961年

7月，中学毕业。

8月，考入西安交通大学无线电工程。

1962年

6月至1963年3月，因病休学在家。

1965年

8月至1966年3月，在山西临潼县杜公庄参加社教。

1966年

5月，在西安交通大学加入中国共产党。

1967年

8月，大学毕业。

1968年

7月，连云港部队农场务农。

1970年

3月，被分配到上海技物所工作。

1983年

研制的691红外地平仪获1983年中国科学院科技重要成果。

1984年

研制的天文卫星太阳敏感器获中国科学院科技进步奖二等奖。

担任风云二号气象卫星主体仪器大口径、高精度"多通道扫描辐射计"副主任设计师、课题组长。

1986年

6月，前往瑞士参加"863国家空间技术商业会议与展览"。

承担研制上海市经委提出的CCD热轧圆钢在线测径项目。

1989年

因过度疲劳引起突发性耳聋。

1990年

4月，研制的"CCD热轧圆钢在线测径系统"获上海市科学技术进步奖一等奖。

10月，研制的"静止气象卫星多通道扫描辐射计水汽通道"获中国科学院科技进步奖二等奖。

12月，研制的"CCD热轧圆钢在线测径系统"获国家科学技术进步奖三等奖。

1991年

12月，被评为中国科学院"七五"重大科研任务先进工作者。

1993年

2月,获国务院政府特殊津贴。

1994年

4月,风云二号气象卫星在发射基地由于发生意外事故,使花费近10年心血的成果付诸东流。刚做完视网膜脱落手术,立即开展工作。

1995年

10月,"热轧带钢在线充电自动目标识别测宽仪"获中国科学院科技进步奖三等奖。

是年,任风云二号卫星副总设计师。

1997年

6月11日,研制的多通道扫描辐射计随风云二号A星成功入轨。

11月,获上海市科技精英提名奖。

12月,获"全国优秀科技工作者"荣誉称号。

1998年

1月,获中国科学院"双文明建设标兵"荣誉称号。

4月,获"1997年度上海市劳动模范"荣誉称号。

同月,前往法国、德国、美国等地进行参观访问。

12月,研制的"风云二号地球同步气象卫星多通道扫描辐射计"获中国科学院科技进步奖特等奖。

同月,研制的"GCH-1型热轧中板半导体激光在线测厚仪"获上海市科学技术进步奖三等奖。

1999年

4月,荣获全国五一劳动奖章。

11月,研制的"空间遥感探测仪器红外辐射定标系统""风云二号地球同步气象卫星精太阳敏感器"分获上海市科技进步奖一等奖、三等奖。

2000年

4月17日,研制的多通道扫描辐射计随风云二号B星成功入轨。

同月,荣获"全国先进工作者"称号。

11月,当选为中国科学院院士。

是年,承担了风云二号02批扫描辐射计增加2个红外探测波段的研制任务。

2004年

10月19日,研制的五通道扫描辐射计随风云二号C星成功入轨。

2006年

7月,荣获中国科学院"优秀教师"荣誉称号。

11月,研制的"风云二号静止气象卫星02批五通道扫描辐射计"获上海市科学技术奖一等奖。

12月8日,研制的五通道扫描辐射计随风云二号D星成功入轨。

同月,研制的"风云二号C业务静止气象卫星"获国防科学技术奖一等奖。

2007年

12月,研制的"风云二号C业务静止气象卫星及地面应用系统"获国家科学技术进步奖一等奖。

2008年

5月,被授予中国科学院"杰出贡献教师"荣誉称号。

12月23日,研制的多通道扫描辐射计随风云二号E星成功入轨。

2011年

12月,上海技物所工程三室举办陈桂林院士70华诞活动。

2012年

1月13日,研制的扫描辐射计随风云二号F星成功入轨。

2014年

12月31日,研制的多通道扫描辐射计随风云二号G星成功入轨。

2018 年

6月5日,研制的多通道扫描辐射计随风云二号H星成功入轨。

2021 年

12月17日,上海分院副院长、分党组成员赵健至上海技物所对陈桂林院士80华诞进行亲切慰问。

陈桂林老师与我的博士生涯

入学选题

我是1988年从华东工学院考入上海技物所的,导师是匡定波先生。

华东工学院的硕士学制是二年半,我三月毕业,比别的同学多了6个月的空余时间。和导师匡先生商议后,我提前入所报到。由于没有同年级学生,我无法上基础课,匡先生便安排我先到研究室工作。

那时,匡先生还担任所长,工作任务繁多,就将我交给了750组组长——陈桂林老师。当时陈老师给了我两个研究方向,一是海洋卫星的扫描辐射计,二是钢铁厂的热轧中板非接触在线测厚系统。我国的海洋卫星计划于1995年发射,一想到博士毕业后还要等四年才能看到自己的研究成果得以实现,我于是决定选择"热轧中板非接触在线测厚系统"这个项目。初生牛犊不怕虎,这个选择决定了我一生的职业。

陈老师曾指导一位博士生完成了"热轧圆钢在线测径系统"的项目。该项目是用光电成像方法实现的,并取得了应用成果,但钢板测厚无法应用类似的方法。当时,冶金行业中钢板采用γ射线法进行测厚,由于γ射线有辐射源,钢铁厂有抗拒心理;而电子部27所研发了激光三角法测距法进行测厚,测量头距离钢板太近,无法拉开,常常导致测量头被轧制钢板撞飞(γ射线测试法也有这个问题),所以钢铁厂希望能找到一个更稳妥的方法进行热轧中板厚度的在线测量。

我大约花了两个月进行技术调研,在图书馆和情报所查阅了有关资料,提出了激光超声在线测厚方法。陈老师仔细阅读了我的方案,十分支持,提出了详细的修改意见,让我独自向匡先生汇报。匡先生看了方案后,觉得难度较大,对我选择的方向有些担忧。但我想挑战一下自己,科研有时是需要冒险的。于是,我告诉匡先生我想试一下,匡先生沉吟后同意了。

研究方向定了，还需要通过立项才能获得经费支持。当时，上海市没有经委，钢铁厂由冶金局管理，要冶金局提出立项需求。于是，陈老师选定了上钢三厂的作为项目承载工厂。我早上8点从所出发，到上钢三厂最早也要11点，和厂里沟通完，回到所里往往都要晚上8点了。年少不知疲倦，不知跑了多少次，才和钢铁厂确定了技术规格。经过陈老师和冶金局的多次沟通，所里获得了30万元的经费支持。

开展研究

那时，上海技物所没有我实验用的脉冲激光器，但上海光机所有。我本科毕业设计是在王育竹老师（时任上海光机所研究员）指导下完成的，我便寻求王老师的帮助，没想到他一口答应，且不收取任何费用。

陈老师安排了他的硕士生叶培德和我搭档，负责系统的电子信号处理部分。我计划先用激光器在钢板的一面进行光脉冲轰击，用PVDF薄膜传感器作为超声波探测器在钢板的另一侧进行探测，看看激光轰击是否产生超声波，以及所产生超声波波形和参数。记录波形最好采用存储示波器，但由于"巴统协定"等原因，我却无法使用。王育竹老师就提供了相机和4200DIN的宝丽来相纸，供我拍照记录。这种相纸是免冲洗的，拍好后取出相纸，用手掌温暖几分钟时间就可以了。一开始，我对拍照记录完全不熟练，用了几十卷相纸都没有得到效果，我有点心慌了，毕竟这种相纸一卷要60多元，成本甚高。之后，我更加小心地开展试验，功夫不负有心人，两个星期后，顺利得到了脉冲激光产生的超声脉冲及其回波波形。我回到所里向陈老师汇报后，他很为我高兴。但对我来说，这只是开始，用激光探测超声波是个更大的考验。

我先在钢板一面产生超声波脉冲，在钢板的另外一面用激光探测脉冲回波序列。这次试验被安排在上海光机所的"神光"实验室，王育竹老师申请了一台100MHZ的存储示波器给我们使用。这次试验非常困难，起初计划两个月时间完成，到最后一天都没结果，我不知道还要多久。这时，我看到操作台上的实验手册，内页的第一页是毛主席语录，摘录了《论持久战》中的一段话：

"往往有这种情形，不利的情况和主动的恢复，产生于'再坚持一下'的努力之中。"

于是，我和叶培德坐到了光学试验平台前，继续开展试验。奇迹在这一刻发生了。就在我调节光路时，负责看示波器的叶培德突然大叫："有了！有了！"我走到示波器旁，他调出示波器里刚保存的曲线波形，和之前用PVDF薄膜探测的波形一样！在保存了十几条波形曲线后，我们不约而同想到了陈老师的叮嘱——试验是要能够重复才算成功的。于是，我们打乱光路，重新排好并调整好后,这一次波形立刻就出来了。当我们走出试验室时,天已经亮了。

回到上海技物所,我整理了试验报告,交给了陈老师,他看后很高兴,我清晰感受到他内心为我完成任务的喜欢,以致于他的手都有些发抖。

有了实验结果,我便在陈老师的支持下,先后购置了激光器、法布里－伯罗干涉仪、布儒斯特棱镜、光学平台等,在所104的平房实验室搭建试验平台。还是叶培德与我搭档,陈老师又安排了童卫旗作为750组人员配合试验。陈老师常常夜里到实验室来看我们做试验,他就静静地坐在旁边,目不转睛地看着我们做试验。童卫旗告诉我,陈老师非常重视这个项目,几乎天天来,其实他组里工作很忙。在陈老师和750组全体人员的大力支持下,项目顺利完成了,并通过了冶金局的技术评审。

毕业后话

我毕业后打算到深圳工作,陈老师没有表态,我忐忑地去找匡先生,匡先生说:"我的学生要么在研究所,要么在大学,下海的话,你是第一个!但你去做你想做的事情吧!"陈老师是很希望我留所的,师弟叶培德去德国M–P实验室读博,后续项目就只能交给另一位博士生。

多年后,有一次休斯公司要来上海技物所谈激光超声测厚仪项目的合作事宜,陈老师问我能否从深圳来上海一趟? 我毫不犹豫地答应了。到所里之后,作为上海技物所的代表参加了和休斯公司进行的谈判。临走前,陈老师送了我一份十分珍贵的礼物,风云二号气象卫星第一批云图照片,镶嵌在亚克力中的金箔画。陈老师说,这是限量的,特意为我留了两年了。我当时没有参加风云二号的工作,陈老师却记得给我准备,我感佩之心铭刻五内。

在我读博的三年间,陈老师一直是一身中山装、一双解放鞋的打扮,与当时改革开放的时代背景显得有些"格格不入"。而在我心中,这是陈老在科技领域一心求索、心无旁骛的表现。我虽是匡先生名下的博士研究生,但陈老师对我关怀备至,我感受到他对我倾注了全力的期望。在我的职业生涯中,我曾多次感慨,若博士毕业留所工作,继续接受陈老师的孜孜教诲,我一定能取得更大的成就。

一朝沐杏雨,一生念师恩。

2022 年 12 月 16 日

后　记

　　风云二号气象卫星是我国自主研制的第一代地球静止轨道气象卫星,它的成功发射使我国成为第三个同时拥有太阳同步轨道和地球静止轨道气象卫星的国家。它实现了"多星在轨,统筹运行,互为备份,适时加密"运行模式,为我国和世界的气候监测及天气预报提供了实时动态的气象观测资料。在光辉成绩的背后,我国航天人付出了无数汗水、泪水甚至血的牺牲。

　　"搞科研总要有点牺牲精神的。"陈桂林在科研工作中心无旁骛、兢兢业业、任劳任怨的工作激情,以国家科学发展为己任的奉献精神,一直感染并深深影响着其团队和年轻一代。在薪火相传中,打造了一支甘于奉献、技术过硬、能打硬仗的科研团队,造就了一批既能运筹帷幄,又能身先士卒、独当一面的领军型人才,特别是培养了一批具有影响力的中青年学科带头人。

　　人无精神则不立,国无精神则不强。愿广大读者从本书中汲取前行的动力,将个人价值与国家需求相融合,传承和弘扬科学家精神,以史为鉴、开创未来,埋头苦干、勇毅前行,努力实现高水平科技自立自强,为实现第二个百年奋斗目标、实现中华民族伟大复兴的中国梦而不懈奋斗。

本书编辑部
2023 年春

图书在版编目（CIP）数据

情系风云话人生：叙陈桂林先生与风云二号的二三
事/《情系风云话人生——叙陈桂林先生与风云二号的二三事》
编辑部编著 . -- 北京：科学出版社，2024. 9. -- ISBN 978-7-03-
079092-7

Ⅰ . K826.16

中国国家版本馆 CIP 数据核字第 2024E7H746 号

责任编辑：谭宏宇 / 责任校对：郑金红
责任印制：黄晓鸣 / 封面设计：殷　靓

科 学 出 版 社　出版

北京东黄城根北街 16 号
邮政编码：100717
http: // www. sciencep. com

南京展望文化发展有限公司排版

上海锦佳印刷有限公司印刷
科学出版社出版　各地新华书店经销

*

2024 年 9 月第　一　版　开本：889 × 1 194　1/16
2024 年 9 月第一次印刷　印张：15
字数：75 000

定价：300.00 元

（如有印装质量问题，我社负责调换）